KB237671

이제 내 아이의 영웅이 되어라

이제 내 아이의 영웅이 되어라

최효찬 지음

살림

지금 자녀교육 때문에 고단한 당신을 위해

지금 대한민국 엄마들은 '만성 자녀교육 피로증'에 시달리고 있다. 직장에 다니는 남편 대신 자녀교육을 전담하다시피 해 온 엄마는 늘 고단하다. 생활을 꾸려 가기가 고단하고 자녀를 뒷바라지하느라 고단하다. 그렇게 열심히, 교육시켰건만 아이들이 자라면 어느새 엄마를 무시하기 시작한다. 그래서 어느 날부턴가 엄마는 아이로부터 배반당한 느낌이 든다.

뿐만 아니라 아이가 커 갈수록 엄마는 혼자서 자녀교육을 전담하기를 힘에 부쳐 한다. 어떻게 하는 것이 정도(正道)인지도 헷갈려 한다. 자녀의 시행착오를 그냥 못 본 체하고 지나칠 수도, 그렇다고 일일이 관여할 수도 없다. 분명한 것은 자녀교육이라는 것이 하루아침에 끝나는 일이 아니라는 사실이다. 아이에게 풍부한 상상력과 무한한 감성의 산맥을 드리우게 하는 '느림의 교육'이 필요한 시점이라는 것이다.

자녀교육은 엄마 혼자의 힘으로 완성되지 않는다. 자애로운 어머니와 때로는 엄격한 아버지의 두 수레바퀴가 제대로 굴러가야 완성되는 것이 자녀교육이다. 물론 그렇다고 아버지가 늘 엄격함을 내세워서도 안 된다. 엄격함과 아울러 자상한 모습도 겸비해야 한다.

우리나라 명문가의 자녀교육에 대한 책을 쓰면서 내로라하는 집안을 찾아다닌 적이 있다. 퇴계 이황을 비롯해 서애 류성룡, 고산 윤선도, 다산 정약용 등 아버지의 큰 그림자를 남기고 간 분들과 그 후손들을 만나면서 나는 둔기로 한 대 얻어맞은 듯한 기분에 휩싸였다. 누구보다 바쁜 일상을 보냈던 아버지들이었지만 아주 세세하게 자녀교육에 심혈을 기울였음을 알 수 있었다.

특히 조선조 가장 위대한 학자로 꼽히는 퇴계 이황의 경우 자신의 손자뿐만 아니라 심지어 사돈의 팔촌 자녀까지 무려 100명 가까운 후손들을 챙기는 등 집안 큰 어른으로서 역할을 다했다. 아들에게 613통, 손자에게 125통의 편지를 썼고 먼 일가의 자녀라도 공부를 게을리하면 손수 편지와 함께 닭 한 마리를 보내면서 학문하는 자세를 잃지 말도록 당부하기도 했다. 또 다산은 18년 6개월을 유배지에 있으면서도 아들에게 100여 통의 편지를 보내며 자녀교육에 정성을 다했다.

이는 요즘 직장 일로 바쁘다며 자녀교육에 소홀한 아버지들과 대비되는 모습이다. 나는 이들을 보면서 크게 반성했다. 신문기자로 오랫동안 일해 오면서 아내와 아들에게 소홀했던 자신이 부끄럽게 다가왔다.

이 책을 쓰면서 나는 진정한 아버지로 다시 태어나는 기분이었다.

사람들은 모두 때가 되면 남편이 되고 아버지가 된다. 그리고 어느 날 문득 아버지라는 존재로 인해 뜨거운 눈물을 흘릴 때가 있다. 나도 아버지가 되면서 나의 아버지가 더욱 그리워지기 시작했다. 세상살이가 힘들어질 때마다 아버지가 생각났다. 물론 기쁘고 행복한 일이 생기면 더욱 아버지의 부재를 절감한다. 즐거울 때나 힘들 때나 아버지의 부재는 늘 나에게 크나큰 여백으로 다가온다.

아버지는 자녀들이 곁에 없는 시간에도 늘 자녀와 함께하고 있다. 김정현의 소설 『아버지』나 만화 『신의 물방울』의 아버지 칸자키 유타카와 같이 아버지는 죽어서도 가족(자녀)을 걱정하는 그런 존재다. 스테판 폴터는 성인이 되어서도 자녀에게 영향을 미치는 아버지의 힘을 '아버지 요인(the father factor)'이라고 규정한다.

자녀를 키우면서 의욕이 앞서 아이에게 너무 많은 것을 강요한다는 생각이 들 때면 칼릴 지브란의 『예언자』에 나오는 '아이들에 대하여'를 거듭 음미해 보기를 바란다. 이 멋진 시를 읽으면 가슴 뭉클한 감동과 함께 아버지가 자녀에게 얼마나 큰 영향을 미치는지 깨닫게 한다. 또한 아버지는 아이에게 미래로 가는 날개를 달아 주는 존재가 되어야 하며 결코 자신의 생각을 강요해서는 안 된다는 자기반성에 이르게 한다.

당신의 아이는 당신의 아이가 아니다.
그들은 그 자체를 갈망하는 생명의 아들, 딸이다.
그들은 당신을 통해서 태어났지만 당신으로부터 온 것은 아니다.

당신과 함께 있지만 당신의 소유물이 아니다.

당신은 그들에게 사랑은 줄지라도, 당신의 생각을 줄 수는 없다.

왜냐하면 그들은 자신의 생각을 갖고 있기 때문이다.

당신이 그들의 육신은 집에 두지만 그들의 영혼을 가두어 둘 수는 없다.

왜냐하면 그들의 정신은 당신이 갈 수 없는 미래의 집에 살며,

당신의 꿈속에는 살지 않기 때문이다.

당신은 그들을 애써 닮으려 해도 좋으나, 그들을 당신과 같은

사람으로 만들려고 해선 안 된다.

왜냐하면 인생은 거꾸로 가는 것이 아니며 과거에 머물러서는

안 되기 때문이다.

당신은 활이 되어 살아 있는 화살인 당신의 아이들을 미래로

날려 보내야 한다.

2009년 11월

최효찬

차 례

아버지로 산다는 것

아버지란 무엇인가 | 아버지 정신은 위대하다 | 아버지가 생각을 바꾼다 | 옛 아버지들에게서 다시 배우다 | 아버지가 영웅을 만든다 | 진정한 아버지의 역할을 찾아라 | 참된 부성애가 가족을 지킨다 | 내 아이의 영웅이 되어라

잘났건 못났건
누구나 자식을 위해서 말하게 마련이다.

공자

　일본 황태자의 사부로 유명한 고이즈미 신조[小泉信三]의 딸이 쓴 『아버지 고이즈미 신조』라는 책을 보면 아버지와 아들이 캐치볼을 하는 장면이 나온다.

　아버지는 양보하지 않고 공을 세게 던진다. 오빠가 겁에 질려 몸을 사리며 배 언저리에서 공을 받으면 아버지는 "공을 무서워하지 마라. 손을 앞으로 내밀어! 공을 똑바로 보고 받아." 하시면서 온 힘을 다해 던지시는 것이었다.

여기서 고이즈미 신조가 아들에게 주려는 교훈을 엿볼 수 있다. 날아오는 공에 시선을 집중하고 정면으로 맞서서 공을 받게 하는 것에는 큰 의미가 담겨 있다. 단순히 정확한 자세로 받아야 한다는 내용뿐 아니라 공포가 느껴지더라도 눈을 똑바로 뜨고 맞서라는 인생의 자세가 담긴 가르침인 것이다. 누구나 인생을 살면서 어려움을 겪을 수밖에 없다. 아버지는 인생을 살아갈 아들에게 무엇보다 강인한 자세를 가져야 함을 전해주고 싶었을 것이다. 아이들을 엄하게 가르치고 있지만 그 안에 숨어 있는 아버지의 애틋한 마음을 읽을 수 있다.

방관형 아버지가 아이를 망친다

이웃 중에 아들을 가히 장관급으로 '대우'하는 어머니가 있다. 아들이 중1이나 되었는데도 시중에서 파는 과자는 해롭다면서 늘 직접 쿠키 등을 구워서 내놓을 정도로 지극 정성이다. 하지만 아이는 사춘기에 접어들자 점점 노골적으로 어머니를 무시하고 말도 함부로 해 댔다.

버릇없는 아이는 자녀교육을 전담하고 있는 어머니가 아들을 지나치게 위한 탓에 만들어질 것 같지만, 사실은 대부분 고학력 출신의 '방관형 아버지'가 만든다고 한다. 이 아이의 아버지 역시 전혀 자녀교육에 관심이 없다. 직장에 다니는 아버지는 집에 오면 TV만 보고, 아이뿐 아니라 아내와도 기의 대화를 하지 않는다. 게다가 말끝마다 아내를 무시하니 아들까지 그대로 보고 배웠다.

물론 아버지도 할 말은 있다. 퇴근 후 집에 돌아와서 TV를 보는 행위는 아버지에게는 일종의 휴식이다. 아버지는 직장에서 하루 종일 일과 인간관계에 시달린다. 상사의 눈치뿐만 아니라 후배의 눈치도 봐야 한다. 세대차이가 나는 후배라면 자칫 주책맞은 상사, 요즘 트렌드를 이해하지 못하는 고리타분한 상사라는 비난을 들을 수도 있다. 이래저래 파김치가 되기 일쑤다. 그러니 집에서나마 혼자 조용히 쉬고 싶은 심정이다. 존 그레이는 이를 '화성 남자'론에서 '동굴'에 들어가는 행위라고 했다. 아무 생각 없이 멍하니 TV를 보면서 업무와 인간관계에서 오는 스트레스와 긴장을 푸는 것이다.

그런데 아이와 아내는 그런 남편을, 그런 아빠를 이해해 주지 않는다. 이게 아버지로 살아가기 힘든 이유이다. 아내는 아이와 놀아 주지 않는다고 타박하고 아이들 역시 아빠는 매일 TV만 보고 잔소리만 하는 존재로 기억한다. 그러면서 남편으로서, 아버지로서의 존재감과 자리는 축소되고 아이는 아빠와 상의할 게 있어도 엄마에게 먼저 이야기한다. 가족 간의 대화에서도 소외되고 그게 일상화되면 아버지는 아버지로서의 자리를 잃어버리는 것이다.

좋은 아버지가 되려면 직장생활이나 사회생활이 힘들더라도 자녀와 시간을 보내는 것을 귀가 후 우선순위로 삼아야 한다. 힘든 직장생활도 결국 다 해내듯이 자녀와 함께 시간 보내기도 생각하기 나름이다. 자신에게 귀중하다고 생각되는 일은 만사를 제쳐 두고 하지 않는가?

때로는 성서에 나오는 '네 보물 있는 곳에 네 마음이 있다.'는 구절을 되새겨 볼 필요가 있다. 매사가 마음먹기에 달려 있다고 한다면, 귀가 후에 자녀와 함께 놀아 주는 시간을 '동굴'에서 보내는 휴식의 시간이라고 생각할 수도 있는 것이다.

자녀교육은 어느 부모 한쪽의 힘으로는 완성되지 않는다. 온화한 어머니와 엄격한 아버지 이렇게 두 수레바퀴가 제대로 굴러가야 한다. 물론 어머니는 무조건 온화하고 아버지는 무섭기만 해야 한다는 뜻이 아니다. 어머니든 아버지든 ‘엄격함 51 대 온화함 49’ 정도의 비율을 유지하여 아이를 가르치는 것이 바람직하다.

아버지는 자녀의 등대

아버지가 자녀교육에 적극적으로 참여하면 자녀의 학업 성적이 좋아진다는 연구결과도 있다. 영국 옥스퍼드대학교 자녀교육연구소는 1958년에 태어난 어린이 1만 7,000명의 성장 과정을 40년간 추적 조사한 결과, 아버지가 자녀교육에 적극 참여하는 정도가 훗날 자녀의 학업 성적과 ‘강력한 관계’가 있다는 것을 밝혀냈다.

아버지가 자녀의 성장과 교육에 적극적일 경우 자녀는 학교 성적도 좋고 사회생활과 결혼생활도 성공적으로 해낸다는 것이다. 자녀와 별거 중인 아버지 역시 자녀가 책 읽는 것을 들어 준다든가, 숙제하는 것을 도와주는 등의 방법을 통해 자녀에게 긍정적인 영향을 미칠 수 있다. 또한 친아버지뿐 아니라 의붓아버지에게서 교육받은 자녀도 학습 효과가 높다고 한다.

아버지가 자녀교육에 참여한다고 하니 대단히 어려운 일일 것 같지만 절대 그렇지 않다. 어머니와 나눠서 자녀를 돌보는 것, 자녀의 교육에 관심을 갖는 것, 자녀와 함께 외출하는 일 정도만으로도 자녀의 안정감은 높아지기 때문에 학습 효과가 커진다는 것이다. 아버지라는 존재가 자녀의 멘토로 얼마나 중요한 역할을 하는지 알 수 있는 조사 결과이다.

아버지는 자녀에게 등대와 같다. 아버지는 자녀가 인생이라는 항해를 할 때 깜깜한 어둠 속에서 희망이 되어 주는 등대의 불빛이어야 한다. 그러면 아이는 그 존재가 늘 곁에 있다는 사실만으로도 무사히 항해를 마치고 목적지에 도착할 수 있을 것이다.

내가 조기유학을 취재하기 위해 호주 브리즈번에 출장을 갔을 때의 일이다. 그때 현재 가이드가 한국에서 유학 온 아이의 여러 성공 사례와 실패 사례를 들려주었다. 그중 한 학생의 에피소드가 인상적이었다.

서울에서 직항 비행기로 9시간이면 도착하는 브리즈번까지 화물선을 타고 한 달이나 걸려 도착했다는 것이다. 그 학생의 아버지는 "호주에서 유학생활을 제대로 하려면 먼저 고생을 실컷 해 봐야 한다."면서 아들을 화물선에 태워 보냈다고 한다. 기특하게도 그 학생은 불만을 터뜨리기는 커녕 아버지를 더 존경하게 되었고 유학생활도 잘 적응하고 있다고 한다. 아버지가 아이의 멘토가 되어 '여행'을 '살아 있는 공부의 장'으로 훌륭하게 활용한 경우라고 할 수 있다.

'아버지 부재' 혹은 '모자 유착' 사회

루이지 조야가 쓴 『아버지란 무엇인가』에는 다음과 같은 말이 나온다.
"아버지들이 자식과 보내는 시간은 하루 평균 7분이다."

오늘날 가족구성원들은 예전보다는 물질적으로 풍요롭게 생활하지만, 아버지와 함께하는 시간은 훨씬 줄었다. 가족을 가장 소중한 가치로 삼으며 가장 높은 경제적 성장을 이룩한 미국에서조차 '아버지와 함께하는 시간'은 하루 중 단 몇 분에 불과하다.

그래서 현대사회를 '아버지 부재의 사회(Fatherless Society)'라고 한다. 정신분석학에서는 '아버지 없는 사회'의 특징으로 '모자(母子) 유착 현상'을 꼽는다. 바로 오늘날 우리 가정의 모습일 것이다. 아이와 어머니는 지나치다 싶을 정도로 친밀하다. 그 정도가 너무 심하면 자기밖에 모르는 이기적인 사람으로 만들어지는데 이는 가정문제에 그치지 않고 사회문제로 비화된다.

모자 유착에 빠진 아이는 버릇없고 이기적인 '스포일 키즈(spoil kids)'가 되기 쉽다. 초등학교 고학년이 되도록 아이(특히 아들)에게 밥을 일일이 떠먹여 주는 어머니도 있다. 물론 자기 방 청소를 하지 않는 것은 두말할 나위가 없다.

어머니가 자녀를 늘 싸고도는 모자 유착의 요즘 표현은 '엄친아'라고 할 수 있다. 어머니가 아이를 항상 '엄마 친구의 아이'와 비교하기 때문에 생긴 신조어다. 어머니들은 늘 자신의 아이보다 공부를 잘하는 아이와 비교를 한다. 비교 대상의 아이가 공부를 잘하기 때문에 아이는 이 말을 듣고 열등감이나 콤플렉스를 갖기 쉽다. 이때 자신보다 더 공부를 잘하는 사람에 대한 질투 같은 감정이 발생할 수 있다. 이를 '타자에 대한 욕망'이라고 한다. 문제는 공부를 잘하는 다른 사람을 무조건 질시하고 증오할 수 있다는 점이다. 아이의 마음속에 또 다른 나인 '나 안의 타자'를 키우면서 이를 미워하고 증오할 수도 있으며 그 때문에 항상 감시를 당하는 느낌을 가질 수 있다. '나 안의 타자'란 바로 엄친아가 될 수 있다.

엄마가 강요하는 엄친아, 즉 '나 안의 타자'에 의해 억눌림을 당하면 성인이 되어서도 심각한 정신적인 문제를 발생시킬 수 있다. 엄마가 요구하고 강요한 성공의 목표를 향해 내몰리다 보면 자신의 꿈과는 거리가 먼 길을 걸을 수 있기 때문이다.

심장 발작 후 우울증에 걸린 쉰두 살의 사업가가 있었다. 그는 돈을 벌어들이고 기업을 확장시키는 데만 급급했던 지난날을 돌이켜 보다가 허무해진 자신을 발견하고는 우울증에 걸렸다. 그러던 어느 날 오랜 생각 끝에, 자신이 그렇게 살아 온 이유는 지배적이고 비판적인 어머니로부터 인정받고 싶은 욕구 때문이었다는 사실을 깨달았다. 다시 말해 어머니 눈에 성공한 자식이 되고자 사력을 다해 열심히 일한 것이었다. 그는 생애 처음으로 어머니가 반대하리라는 위험을 무릅쓰고 새로운 일을 벌였다. 시골에 내려가 조그만 상점을 열고 거기서 고물 가구를 고치는 일을 했다.

이는 스캇 펙이 쓴 『아직도 가야 할 길』에 나오는 실제 상담 사례이다. 어머니의 권위주의적이고 지배적인 성격 때문에 자녀가 심리적으로 크게 위축된 어린 시절을 보냈는데 성인이 되어서도 어머니의 꼭두각시처럼 살았다는 것이다. 이 남성은 어머니의 영향에서 벗어나서야 새로운 인생을 시작할 수 있었다.

스캇 펙은 또한 이 책에서 지배적이고 권위적인 어머니로 인해 딸의 경우 성적으로 불감증에 걸려 결혼생활이 파탄나기도 한다고 지적한다.

레이첼은 매우 예의 바른 스물일곱 살의 젊은 부인이다. 결혼한 지 얼마 안 되어 정신과 치료를 받았는데 남편 마크는 부인의 불감증 때문에 이미 떠난 상태였다. 남편인 마크는 "내 생각에 레이첼의 어머니가 이 문제에 큰 관련이 있는 것 같다. 그 어머니는 정말 대단한 분이다. 제너럴 모터 사의 사장을 지내도 충분할 양반이긴 하지만 훌륭한 어머니였던 것 같지는 않다."고 전했다.

레이첼은 어머니가 만들어 놓은 규칙에 따르지 않으면 당장에 쫓겨날지도 모른다는 생각에 짓눌려 성장했다. 레이첼은 엄마가 마치 고용인에게나 할 법한 권위적인 말들을 들으며 자랐다. 어머니의 기대에 따라서 행동해야만 자신의 안전이 보장된다고 느낄 정도였다. 레이첼은 긴장을 풀지 않았다. 울지도 않았다.

부모의 잘못된 행동 때문에 받은 상처는 몇 마디의 말이나 한두 번의 위로만으로는 치유될 수 없다. 지속적으로 반복해서 조사되고 치료받아야 한다. 이 상처가 완치되는 데 얼마나 많은 시간이 걸릴지 아무도 몰랐다. 레이첼은 상담을 한지 4년 만에 긴장을 풀고 울고 웃는 여성이 되었다고 한다. 물론 불감증도 치유되었다.

믿고 싶지 않지만 요즘 젊은 판사들 가운데 판결에 앞서 '엄마'에게 전화를 걸어 의견을 물어봐야 안심하는 친구들이 있다는 이야기를 들었다. 소위 '엄친아'들이 그렇다는 것이다. (중략) 엄친아는 지금은 부모의 재산과 경력이 빵빵하고 자신도 학벌과 직업이 빵빵한 그런 최고의 신랑감이나 신붓감을 지칭하는 보통명사가 되었다. 그런데 문제는 엄친아와 결혼하면 부모의 후광과 재산과 함께 엄친아의 엄마까지 세트로 딸려 오는 것이라고 한다. 그래서 엄친아들의 이혼율이 높다는 소문도 있다. 부부 싸움을 하고 방으로 들어간 신랑 신부들이 밤새 '엄마'에게 전화 걸어 보고를 하고 코치를 받고 다음 날 다시 새로운 논리를 내세워 부부 싸움에 나서기 일쑤라고 한다. 데이트를 하면서 무엇을 먹을지 어떤 식당을 갈지 엄마에게 전화를 걸면 엄마가 곧바로 문자로 알려 준다. 말이 좋아 엄친아이지 실제로는 마마보이, 마마걸이라는 것이다. 결혼생활의 주도권이 당사자에게 있지 않고 부모들에게 있다는 이야기이다.

2009년 10월 19일 「한겨레」 '김선주 칼럼'에서

그야말로 씁쓸한 우리 사회의 단면이 아닐 수 없다. 자녀들이 문제가 아니라 엄마들이 문제인 것이다. 엄친아들은 공통적으로 자신의 생각이나 의견을 드러낼 줄 모른다. 엄마가 알아서 대신 의사결정을 하는 데 익숙해져 있기 때문이다. 세계적인 인물들의 전기를 조사한 빅터 고어츨은 '자녀를 늘 싸고도는 어머니'는 자녀교육에서 가장 좋지 않은 어머니 상이라고 주장했다.

추락하는 아버지의 권위

모자 유착, 즉 아버지가 부재한 사회가 된 근본적인 원인은 '산업화'에서 찾을 수 있다. 산업사회가 되면서 공장이 늘어나고 그곳은 아버지들로

채워졌다. 아버지는 가정에서 가족들과 함께하는 시간보다 공장이나 사무실 등 직장에서 보내는 시간이 더 많아졌다. 아침에 출근해 저녁 늦게 퇴근하니 당연히 가족과 함께 보내는 시간도 절대적으로 줄어들었다. 가정에서의 책임은 늘어나고 영향력은 점점 사라졌다. 이는 곧 아버지의 권위 상실로 이어졌다. 아버지는 가족과 유대감이 약해지면서 가정을 꾸려가는 기계 부품과 같은 존재로 전락했다.

뉴욕에서 명문학교를 취재할 때 조기 유학생들에 대한 씁쓸한 이야기를 들었는데 그 당시 받았던 충격을 잊을 수가 없다. 다른 유학생들과 비교해 자기 아버지가 돈을 많이 벌지 못하고 생활비를 듬뿍 주지 않으면 그런 아버지를 부끄럽게 여기고 비난까지 한다는 것이다.

부모님의 재력이 있는 아이들은 늘 풍요롭지만 그렇지 못한 아이들은 커다란 열등감을 느끼게 된다. 결국 주변의 친구나 동료들과 끊임없이 비교를 하게 되고 특히 아버지의 재력에 민감해진다. 누구나 아버지가 돈을 잘 벌고 풍족하게 용돈을 주기를 바란다. 이게 바로 아버지를 경제적인 잣대로만 측정하는 산업사회의 왜곡된 모습이다. 아버지는 단지 돈 벌어오는 기계나 다름없는 것이다.

또한 아버지는 집안의 어려운 일 등 모든 문제를 해결해 나가야 한다. 여기서 나약한 모습을 보이거나 가장으로서 권위를 상실하는 모습을 보이면 아내나 자녀조차 아버지의 편이 되어 주지 않는다. 항상 '강한 아버지'나 '부자인 아버지'가 되어야 한다. 가족들은 아버지가 경제적으로 재력을 가지고 다른 사람을 제압하는 권력을 갖추기를 원한다. 이런 조건을 충족시켜 주지 못하면 아버지는 가족으로부터 버림을 받는다.

아버지의 귀환이 요구되는 시대

이 시대 아버지들에게 자리는 있지만 권위는 없다. 아버지의 상징적인 자리는 있되 실재적인 자리가 없는 것이다. 지금 우리 사회의 국가적 위기가 가속화되고 있는 배경에는 바로 '아버지 부재'라는 시대상과 맞물려 있다.

우리 사회에서 이제 대타자들, 권위를 상징하는 아버지들은 설 자리가 없다. 아버지는 귀가해서 집 초인종을 눌러도 아무도 내다보지 않는 하찮은 존재가 되었다. 요즘 아버지가 초인종을 누른다고 달려 나가 문을 열며 일에 지친 그를 반기는 집이 얼마나 될까.

이제 새로운 권위로 무장한 '아버지의 귀환'이 요구되고 있다. 이제 아버지는 지난 시대의 엄숙한 권위를 가진 모습이 아닌 어머니와 같은 모성을 갖춘 따뜻한 아버지의 모습으로 귀환해야 한다.

땅에 떨어진 권위, 위계가 사라진 사회, 법과 질서를 경시하는 사회, 배려가 없는 사회, 이런 사회는 제대로 된 사회가 아니다. 선진국일수록 제대로 된 권위가 작동하고 법과 질서를 지키며 다른 사람을 배려한다.

물론 요즘에도 권위와 목소리만 높이는 아버지가 있을 것이다. 그러나 이미 이 사회 이 시대는 아버지의 권위와 힘, 권력이 힘을 잃었고 그 정도가 너무 심해 다시 '아버지'를 그리워하는 단계에 와 있다. 다만 이제는 어깨와 목에 힘을 빼고 가족과 잘 소통하고 섬세하게 요구를 들어주면서 조용조용히 리더십을 행사하는 아버지를 원한다. 혹은 다른 사람을 배려하면서 그의 목표, 야망, 꿈들을 이룰 수 있게 잘 이끄는 관계 지향적 리더십을 가진 아버지가 귀환하기를 바라고 있는 것이다.

그런데 관계 지향성은 남성이 아닌 여성들에게서 발견되는 덕목이라는 데 문제가 있다. 남성들은 흔히 목표지향적이다. 그래서 친구나 다른 사람들을 만날 때 반드시 목적이나 이유가 있어야 한다. 단순히 대화를 나누거나 수다를 떨기 위해 밥을 먹거나 커피를 마시는 자리를 갖지 않는 것은 바로 남성들의 목표지향적인 특성 때문이다.

하지만 자녀교육을 위해 아버지는 여성이 지닌 관계지향적인 덕목을 배울 필요가 있다. 자녀에게 목표, 야망, 꿈들을 실현하도록 이끌기 위해서는 어머니처럼 세심하게 챙기고 배려하는 따뜻한 마음을 자녀에게 주도록 노력해야 하는 것이다.

아버지는 오래오래 살아서 자녀의 든든한 배경이 되어 주어야 한다. 가난한 아버지냐 부자 아버지냐의 문제를 떠나서 아버지가 자녀교육에 적극적으로 귀환해야 우리 자녀가 행복해지고 나아가 우리 사회가 튼튼해지는 것이다. 진정한 아버지로 거듭나기 위해서는 솔선수범하는 모습을 보이며 평생 자녀에게 든든한 '마음의 등대'가 되어 주어야 한다.

나의 아버지는 약 20년 전에 돌아가셨다. 내가 고등학교 2학년이었을 때다. 장맛비가 억수로 퍼붓던 그해 여름, 아버지는 다른 사람들의 절반밖에 되지 않는 인생을 사시다가 가셨다. 무엇 때문에 그리도 바삐 가야 하셨는지……. 지금 아버지의 나이만큼 산 나는 그 삶의 무게를 알 것도 같다. 아버지 혹은 남자라면 겪게 되는 그 묵직한, 그러나 만만찮은 삶의 무게를.

어느 날 아버지 유품을 정리하다가 손때 묻은 수첩을 발견했다. 늘 수첩에 무언가를 적던 아버지의 모습을 어린 시절부터 보아 왔지만 그 속에 무엇을 기록했는지는 알 수 없었다. 수첩 한쪽에는 대출 내역이 또박또박한 글씨로 적혀 있었고, 그중 일부는 상환을 했는지 취소선을 그어 표시해 놓았다.

보아하니 아버지는 거의 매달 돈을 빌린 것 같았다. 다름 아닌 우리 4형제의 등록금 때문이었다. 늘 그렇게 돈을 융통해 학자금을 대 주셨던 것이다. 덕분에 우리 형제들은 모두 대학을 졸업했고 두 명은 박사 학위를 받았는데, 당시 내가 살던 시골에서는 무척 드문 일이었다. 그런데 여기에는 초등학교만 졸업하고 남동생들을 뒷바라지 한 누님의 헌신이 있었다. 중학교에도 진학하지 못한 채 꿈을 접어야 했던 누님은 아직도 내게 아픔으로 남아 있다.

『주역』에서 큰 성공[大畜]의 조건으로 '불가식(不家食)은 길(吉)하다.'고 했다. 가족을 먹여 살리지 못하면 결국에는 길하다는 풀이다. 이는 반대로 가족을 먹여 살리는 데만 급급한 사람이라면 결코 큰 성공을 거둘 수 없고 흉하다는 말이다.

우리나라는 1970년대까지 대부분 가난한 생활을 면치 못했다. 가난한 집에서 아버지는 자녀교육도 선택을 해야 했다. 이때 유교적 가풍이 심한 가정에서는 아들보다 딸이 희생되어야 했다. "큰딸은 살림 밑천이다."는 말은 남존여비의 오랜 유풍이라고 할 수 있다. 가난한 아버지는 그렇게 집안의 질서를 '권위적'으로 잡아 갔다. 겨우 생활을 할 정도의 재산으로는 자녀 모두에게 교육의 기회를 제공할 수 없기 때문이다.

그렇다고 모든 아버지들이 자녀에게 교육의 기회를 준 것은 아니었다. 대부분의 아버지들은 당장의 가난한 살림살이로 인해 자녀들을 학교 대신 공장에 보냈다. 살림 밑천이라는 딸뿐만 아니라 아들에게도 교육의 기회를 제공하지 않는 아버지들도 부지기수였다. 물론 공부를 못한다는 게 구실이었지만 중학교 때 성적만으로 섣불리 앞으로의 인생을 결정할 수 없는 것이다.

하지만 1970년대까지 가난하게 살아온 우리의 아버지들은 당장 힘들게 사는 현실에서 장기적인 안목보다 단기적인 안목에서 선택을 하는 경우가 더 많았다. 마치 조정래의 소설 『아리랑』에서 만석꾼이 되기를 안달하는 정상규가 돈이 아까워 자녀들을 대학에 보내지 않는 경우처럼 어떤 부모는 재산이 있어도 자녀들에게 교육의 기회를 제공해 주지 않았다.

다행히도 나의 아버지는 장기적인 안목에서 선택을 했고 형제들은 아버지의 장기적 안목의 수혜자가 될 수 있었다. 자녀교육에 임하는 아버지는 교육은 백년대계라는 말을 가슴에 새겨야 한다.

영국의 명재상인 윈스턴 처칠의 경우 초등학생 시절과 중학생 시절까지 반에서 늘 꼴찌였다. 고등학교를 영국의 명문인 해로우스쿨에 진학했지만 이곳에서도 두각을 나타내지 못했다. 반면 영어만은 재미있게 공부했다. 고등학교를 졸업할 때쯤 철이 들었고 결국 처칠은 육군사관학교에 진학할 수 있었다.

이때 처칠에게 공부할 책을 선물하고 학교로 보내 주며 아들을 믿고 기다려 준 아버지가 없었다면 처칠은 존재할 수 없었을 것이다. 윈스턴 처칠은 『처칠, 나의 청춘기』에서 "이 무렵 내게 기쁜 일이라면 오직 책 읽는 일이었다. 내가 아홉 살 반이 되던 때에 아버지는 내게 『보물섬』을 주셨는데 이 책을 아주 열중해서 읽던 생각이 난다. 내 딴에는 어려운 책을 읽었지만 반에서는 언제나 꼴찌였다."고 고백했다.

처칠의 아버지가 아들이 꼴찌라는 사실에 분개하고 창피스럽다며 다른 선택을 했다면 어떻게 되었을까. 우리 주변에서 보면 사회 저명인사나 고위 관료, 교수, 심지어 유명 학원장까지 자녀를 유학 보내는 경우가 많다. 특히 그 아들이 학교에서 성적이 저조할 경우 누구의 아들이라는 사실이 드러나기가 두렵기 때문인 경우도 있다. "자녀(아들)는 부모의 면류관."이라는 말이 있듯이 자녀의 성적 부진을 자신의 수치로 생각하기 때문이다.

수재의 산실, 전주 류씨 가문의 교육 방식

안동 일대에서 "주실에 한양 조씨가 있다면 무실에는 전주 류씨가 있다."는 말이 회자된다. 안동의 무실(수곡)과 박실, 삼산, 한들 일대에 산 수곡파는 이 지역에서 손꼽히는 수재 집안으로 통한다. 조선 후기에는 퇴계학의 정통 계보를 잇는 정재 류치명(1777~1861)과 의병장으로 활동한 류인석 등을 배출했다. 또 해방 후에는 대학교수 등 수많은 인재를 낳았다. 그중 시인 류안진(서울대학교 교수), 작가 이인화(본명 류철균, 이화여자대학교 교수) 등은 대중적으로도 알려진 인물이다.

안동의 전주 류씨(수곡파)를 있게 한 사람 가운데 류봉시(1654~1709)가 꼽힌다. 명문가에는 대부분 초창기에 자녀교육의 토대를 닦고 가학(家學)의 전통을 세운 이가 존재하는데, 무명의 류봉시가 그중 한 사람이다. 수곡파는 류봉시와 그의 두 아들에서 분파돼 새로운 삼가정파를 만들었는데 여기서 결정적인 역할을 한 사람이 바로 류봉시다.

숙종 때 인물인 류봉시는 초야에 은둔한 처사였지만 가문의 기획자 역할을 다했다. 달리 말하자면 전주 류씨는 류봉시라는 가문 기획자를 만나면서 명가로 도약하게 된 것이다. 비록 류봉시가 벼슬길에 들지 못했고 학문의 경지에도 오르지 못했지만 자녀교육을 통해 전주 류씨가 명문가로 만든 초석을 이룬 것이다.

류봉시는 인륜에 돈독하고 의리를 좋아했으며, 시례(詩禮)의 전통을 계승하였다. 두 아들을 두었는데 재주가 뛰어나고 위인의 자질과 도량이 있었다. 그래서 소란하고 어지러운 마을에서 올바르게 가르치기에는 방해거리가 너무 많다고 생각해 위천 골짜기 산중으로 두 아들을 데리고 들어가 세속과 격리된 상태에서 10년 동안 전심전력으로 교육했다. 그렇게 한 이유는 대체로 맑은 물과 돌로 마음을 씻고, 담백한 국과 밥을 취하게 함으로써 학문의 뜻이 굳어지도록 하기 위함이었다. 그리하여 단순히 글공부에만 목적을 두지 않고 그들의 자질을 다듬어 인품이 완성되도록 하기 위한 것이었다.

이준형의 『삼가정기』에서

1674년에 류봉시는 두 아들 승현과 관현을 데리고 무실종가에서 분가해 10리 밖 위동에 터를 잡았다. 이때 류봉시는 아내에게 의견을 말했다.

"우리가 자식을 잘 가르치지 못하면 세상에 자랑할 것이 없으니 10리 밖 위천으로 이사를 가서 토실을 짓고 10년을 공부시켜 두 아들이 다 성취하여 대과 급제를 하게 합시다."

류봉시는 두 아들을 가르치기 위한 서재를 지어 이를 '삼가정'이라 하고 세 그루의 가죽나무를 심었다. 가죽나무를 심은 이유는 회초리를 만들기 위해서였다. 청계처럼 자녀교육을 통해 새로운 가문의 초석 쌓기에 나선 것이다.

차남이었던 류봉시도 본가에서 두 자녀를 낳은 후에 분가를 했다. 당시 류봉시가 분가한 것은 지금으로 보면 자녀교육을 위해 서울이나 미국 등지로 이민을 간 것과 다를 바 없다. 그만큼 류봉시는 자녀교육을 위해 온갖 정성을 다했다. 아버지의 자식교육에 대한 지극한 뜻을 안 두 아들은 열심히 학문에 매진했다. 그렇게 10여 년에 걸쳐 자녀교육에 열과 성을 다했고, 두 아들은 부친의 바람대로 과거시험에 급제했다. 그러나 류봉시는 이미 사망한 후였다.

장남 류승현은 숙종 때 문과에 급제해 종성부사에 올랐다. 동생 관현도 문과에 급제해 형조참의를 지냈다. 함경도 경성부사를 지낸 류관현은 백성을 괴롭히는 폐단을 없애는 데 앞장섰다. 그는 행실이 두텁고 학식이 깊어 영조 때 사도세자의 스승이 되었다. 류관현은 외직에 있을 때 목민관으로 선정을 베풀었으며 정약용의 『목민심서』에 그의 치적이 기록되어 있다.

자식을 위해 헌신한 무명의 아버지

류봉시의 분가는 전주 류씨가 '학문의 명가'로 도약하는 일대 사건이었다. 안동 일대의 전주 류씨 수곡파 후손들은 모두 200여 가구에 불과했지만 여기서 200년도 안 된 짧은 기간 동안 150여 명의 학자를 배출했고 해방 후에는 20명이 넘는 대학교수와 류목기 풍산그룹 부회장 등 재계 인사들을 낳았다. 그것은 가진 것 없고 배운 것 없지만 아버지의 자녀교육 열정에서 시작되었던 것이다. 시골의 처사 류봉시에서 시작된 전주 류씨의 교육 열정은 지금도 그 후손에게 면면히 이어지고 있다.

『국조인물고』는 조선 태조에서 숙종 때까지의 주요 인물들을 수록한 전기집인데, 여기에 등재된 사람은 모두 2,065명이다. 이들이야말로 조선을 대표하는 인물이라고 할 수 있는데 류봉시는 여기에 등재되지 않았으며, 전주 류씨 가문에서조차 '난사람'은 아니었다. 전주 류씨 중에 뽑은 주요 학자 150명에도 오르지 못한 일개 처사에 불과했다.

그렇지만 그는 가문의 CEO이자 가문의 기획자 역할을 훌륭하게 해내 전주 류씨 가문을 세상에 우뚝 서게 했다. 우리나라뿐만 아니라 전 세계적으로 류봉시와 같은 무명의 아버지가 있었기에 세상을 뒤흔든 큰 인물들이 나올 수 있었던 것이다.

18세기 실학자를 대표하는 연암 박지원의 삶은 아버지로서의 처신을 새삼 일깨워 준다. 연암은 젊은 시절에 과거시험을 보기도 했지만 벼슬길을 단념하고 만다. 그의 문장이 뛰어나 당시 임금인 정조까지 관심을 보였지만 서른다섯 살에 과거에 대한 미련을 접었다. 이때부터 그는 가족을 처가에 보내고 서울에 셋방을 빌려 기거하며 실학자로서의 새로운 길을 모색해 나갔다.

연암은 서른 살 때 첫 아들을 얻은 후 마흔네 살이 되어서야 차남을 얻었다. 연암은 실학자로서뿐만 아니라 『열하일기』의 필자인 당대의 문장가로 명성이 자자했지만 여전히 가난했다. 동갑내기인 부인은 가난으로 늘 굶었다. 결국 연암은 쉰 살에 선공감감역이라는 9급 공무원의 길을 택했다. 친구인 유언호가 연암의 딱한 살림살이에 왕에게 연암을 천거했던 것이다.

연암은 젊은 시절 실학 연구에 매달려 가족을 챙기지 못했다는 죄책감 때문인지 쉰 살부터 14년 동안 일했다. 실학의 거두였던 연암이지만 한 가정의 가장으로서 책임감을 다하려 혼신의 힘을 기울였던 것이다.

연암의 생애를 접하고 있노라면 자녀교육비 때문에 전전긍긍하며 직장생활을 하는 우리시대의 평범한 가장의 모습과 중첩돼 더욱 애잔한 감정이 든다. 조선시대에는 남자 나이 마흔 살이면 사랑방 생활을 시작할 정도로 '노인' 축에 들었다. 연암이 마흔네 살에 뒤늦게 얻은 차남 박종채는 그 뒤에 아버지의 고단한 삶과 그의 빛나는 발자취를 회고하는 『과정록』이라는 책을 지어 바쳤다.

아버지의 선택은 자녀들에게 깊은 교훈을 준다. 당신 자신을 위한 선택을 할 때에도 때로는 가족 전체의 행복을 위한 선택이 밑바탕에 깔려 있다. 반대로 아버지가 자녀교육에서 단기적인 안목에 얽매여 선택을 한 경우에는 그 후유증이 자녀들의 전 인생에 좋지 않은 영향을 끼치기도 한다.

'아버지 정신'이란 바로 이런 것이다. 때로 자녀를 위해 기다릴 줄 알고 때로 희생하는 아버지. 당신의 삶을 선택할 때에도 자녀의 미래를 위해 헌신할 줄 아는 아버지. 당장의 가난에 고단한 하루를 보낼지라도 먼 앞날을 내다보며 자녀들에게 빚을 내서라도 투자할 줄 아는 아버지…….

인생을 살아갈수록 아버지가 그리운 것은 바로 당신의 사랑하는 자녀를 위해서라면 어깨에 짊어진 무거운 짐을 결코 내려놓으려고 하지 않았던 그 우직함 때문일 것이다.

노벨문학상 수상자이자 사회사상가인 버트런드 러셀이 성적(性的) 진보주의자로 더 유명해진 데에는 아버지의 영향이 컸다. 혼외정사와 계약 결혼을 당당히 주장한 그는 『결혼과 성』에서 "간통은 이혼 사유가 될 수 없다. 결혼 후에도 임신을 하지 않았다면 배우자 이외의 이성과 연애할 자유가 있다."고 밝혔다. 실제로 러셀은 결혼 후 연인 오톨린 모렐을 만나면서 성적 자유주의자가 되었고 이와 같은 급진적인 주장을 펴다가 실제로 부인의 외도를 허용해 이로 인해 이혼했다. 또한 대학에서 파면되는 곤욕을 치르기도 했다.

버트런드 러셀은 두세 살 때 양친을 모두 잃었다. 그러나 아버지는 그의 전 생애를 지배했고 거친 바다를 항해하는 조타장치와 등대 역할을 했다. 러셀의 아버지는 관습에 얽매이지 않는 인습타파주의자이자 무신론자였으며, 『사회계약론』으로 유명한 철학자 존 스튜어트 밀의 제자이자 친구이기도 했다. 아버지는 친구 밀을 러셀의 대부(代父)가 되게 해주었다.

영국의 전통 명문가 집안인 러셀 가문은 오랫동안 진보주의 편에 섰다. 가문의 선조인 윌리엄 러셀은 스튜어트 왕가에 대해 반란을 일으켰다가 처형되었다. 또한 버트런드 러셀의 할아버지는 영국 총리를 두 번이나 지냈는데, 선거법 개정을 주도해 당시 불합리한 선거제도를 개편하는 정책을 펼 정도로 개혁론자였다.

이러한 전통이 3대에 걸쳐 진보적 정치가, 사상가, 철학가를 낳은 것이다. 진보주의적 가풍을 이어받아 러셀은 평화주의자로도 활약했는데 아흔네 살의 나이에 핵무기 반대 시위에 앞장섰다가 투옥되기도 했다.

러셀이 급진적인 주장으로 대학교수직에서 쫓겨나기도 하고 투옥되기도 한 배경에는 '아버지의 힘'이 작용했음을 간과할 수 없다. 러셀은 "아들의 성향이 아버지와 같을 때 아버지의 영향이 발휘되면 열정을 지닌 목표는 더 쉽게 이루어진다."고 강조한다. 러셀에게 가장 큰 영향을 끼친 이는 다름 아닌 '아버지'였던 것이다.

러셀의 부친이 그에게 가장 큰 영향을 준 것은 다름 아닌 무신론이었다. 무신론자였던 부친의 영향으로 그 역시 평생 무신론자로 살았고 기독교에 대해 비판도 서슴지 않았다. 서구사회의 역사는 기독교의 역사라고 해도 과언이 아닐 정도로 기독교의 영향력은 절대적이다. 기독교는 가정이나 사회의 규범 역할을 했으며 중세시대까지는 수도원이 학교였다.

그만큼 기독교의 영향이 강한 영국에서 러셀 부모는 기독교를 믿지 않았다. 러셀의 아버지가 숨을 거두기 전에 남긴 유언은 러셀과 그의 형 프랭크의 후견인으로 자신의 친구들인 급진적인 무신론자로 삼았는데 그중에는 자유주의 사상가로 러셀의 대부인 존 스튜어트 밀도 포함돼 있다.

밀은 자유주의 사상에 입각하여 여성에게 교육의 기회뿐 아니라 시민으로서의 자유와 경제적 기회도 똑같이 제공할 것을 주장했다. 러셀의 기독교에 대한 비판은 그의 철학적 기반이 될 정도로 일생 동안 영향을 미쳤다. 러셀은 이러한 생각은 『나는 왜 기독교인이 아닌가』를 펴내기도 했다.

아버지 요인

스테판 폴터는 그의 저서 『모든 인간관계의 핵심요소 아버지(The Father Factor)』에서 지금 성인이 된 자녀가 사회생활을 하면서 겪는 문제의 근원을 추적해 보면 아버지의 영향이 아주 크다고 주장했다.

우리들 대부분은 아마 직장에서 자신이 하는 말이나 감정이 아버지의 행동과 유사해서 깜짝 놀라는 경험을 했을 것이다. 흔히 사람들은 아버지가 자신에게 말했던 방식 그대로 부하 직원에게 말하고, 때로는 똑같은 말과 표현을 사용한다.

우리가 현재 조직생활을 힘들어하고 인간관계를 제대로 풀어나가지 못하고 있다면 상당부분은 아버지의 문제에 기인할 수도 있다는 뜻이다. 물론 성공적인 사회생활을 하는 이들 역시 아버지로부터 긍정적인 영향을 받았다고 할 수 있다.

흔히 아들은 "아버지를 닮지 않겠다."고 하고 딸은 "엄마처럼 구질구질하게 살지 않겠다."고 말하곤 한다. 특히 유년 시절에는 부모의 습관을 그대로 흡수한다. 그러나 사람들은 아버지가 자신의 진로와 직장생활에 영향을 준다는 말을 쉽게 받아들이려고 하지 않는다. 특히 아버지의 직업과 전혀 다른 선택을 한 사람들이 그렇다. 이런 사람들은 자신의 선택에 아버지가 영향을 주었냐고 물어보면 대개 "아버지는 전기 기사였지만 저는 변호사입니다. 그러니 아버지가 제게 영향을 주었을 리 만무하지요."라고 대답하곤 한다는 것이다.

자녀는 아버지가 자신에게 역할 모델이 되지 못했거나 닮고 싶은 사람이 아니었다고 생각할 수 있다. 이럴 경우 자녀는 아버지와 전혀 다른 직업을 갖고자 애쓴다. 이런 진로 선택은 어렸을 적에 경험한 아버지에 대한 부정적인 반응이라고 할 수 있다. 가끔 이런 사람들은 직장생활에서 극단적인 공격성과 냉담함을 보인다. 특히 이런 사람은 아버지의 직업을 완전히 거부하고 의도적으로 다른 직업을 선택하려고 한다.

아버지 요인은 자신에게 도움이 될 수도 있고 방해가 될 수도 있다. 어떤 방향으로 작용할 것인지는 전적으로 아버지 요인을 이해하고 인식하느냐 아니면 그것을 무시하느냐에 달려 있다. 일반적으로 사람들은 아버지가 돌아가실 때까지는 아버지가 자신의 삶에 주는 영향력을 과소평가

하곤 한다. 아버지가 돌아가신 후에도 대부분의 남성과 여성은 아버지가 사생활을 넘어서서 직업 세계에까지 영향을 주고 있다는 사실을 깨닫지 못한다. 우리가 일에 부여하는 가치는 이미 수년 전에 부녀지간 혹은 부자지간이라는 맥락과 배경 속에서 형성된 것이다. 그래서 폴터의 다음과 같은 말을 기억할 필요가 있다.

남자나 여자나 어느 정도 나이를 먹으면 더 이상 아버지에게 인정받고 싶어 하지 않는다는 말은 거짓이다. 나이에 관계없이 우리 모두는 아버지의 인정을 바란다.

'아버지의 죽음'이 자녀에게 미치는 영향

스테판 폴터에 따르면 아버지의 죽음은 자녀에게 큰 영향을 미치는 아버지 요인 중 하나다. 남녀노소를 불문하고 사람들은 아버지의 죽음을 이야기하면서 자신이 얼마나 많은 영향을 받고 있는지 깨닫고 놀라곤 한다. 아버지와 친근하게 지내지 못한 사람이라고 해서 예외는 아니다. 아버지가 돌아가셨을 때 자녀가 보이는 반응은 보통 충격적인 혹은 감당하기 힘든 상실이라는 말로 표현한다.

성인이 된 자녀도 아버지가 돌아가신 후에 자신의 진로에 회의를 느끼고 심사숙고하는 일이 흔하다. 자신이 좋아했던 일이 갑자기 사소하고 의미 없어 보이기 시작하는 일이 생기는 것이다. 몇 년이 지나도 아버지의 죽음은 여전히 자녀의 삶에 대단한 힘과 영향력을 유지한다. 스테판 폴

더는 아버지가 돌아가신 지 한참이 지났는데도 직업을 바꾸려고 생각할 때, 마음속에서 '난 그렇게 쉽게 포기하는 자녀를 둔 적이 없다'고 속삭이는 아버지의 목소리를 듣는다고 한다.

알베르트 카뮈 역시 어린 나이에 아버지를 잃었다. 성인이 된 작가 알베르트 카뮈는 아버지에 대한 향수를 떨쳐 낼 수 없어서 그의 흔적을 모으기 위해 여러 기록 보관소를 찾아다녔다. 자동차 사고로 카뮈가 죽었을 때 차 안에는 아버지에 대해 기록한 144페이지의 원고가 발견되었다고 한다.

한국인들에게 망언을 일삼는 정치인으로 기억되는 이시하라 신타로는 『일본인의 자녀교육』에서 '요절하는 아버지가 이상적인 아버지이다'라는 충격적인 주장을 내세워서 화제가 되었다.

이상적인 아버지란 역설적이게도 어느 날 갑자기 바다에서 조난하여 죽는 어부 아버지의 모습이란 것이다. 어부인 아버지는 미숙한 아들의 손을 잡아 주고 이끌어 주며 그물 치는 법, 낚싯줄 매는 법, 그물을 끌어 올리는 법 등을 가르친다. 그리고 다시 고기잡이를 위해 조수(潮水), 구름, 바람 등 자신의 주위를 싸고 있는 광포한 자연 상태에 대처하는 법을 가르친다. 그것은 모두 입에서 입으로, 귀에서 귀, 손에서 손으로 전해지는 인생의 지혜이며 자연에 대행하는 전술이다.

노련한 어부인 아버지가 그것을 자식에게 남김없이 가르치게 되면 아들의 인생은 그저 아버지의 인생을 닮은 것에 지나지 않는다. 하지만 아들의 눈에 완벽해 보이던 아버지가 생각지도 못한 자연의 함정에 걸려들어 어느 날 갑자기 죽어 버리면 어떨까. 아들은 아버지에게 배워야 할 것을 3분의 2 정도 밖에 배우지 못한 상태이다. 이제 아들은 남은 어머니나 어린 아우를 위하여 한 남자로서 어부로서 살아가기 위해 아직 배우지 못한 기술을 아버지 인생의 궤적을 상상하면서 혼자 더듬더듬 익혀 나갈 수밖에 없다. 그리하여 실패를 거듭하면서 아버지에게 배운 지식에다 자신이 익힌 기술을 보태어 간다. 큰 수확을 거두면 선배 어부였던 아버지가 지난날 가지고 돌아왔던 것과 같은 수확물을 회상하며 아버지에 대해 깊이 공감하게 될 것이다.

요절한 아버지가 자녀에게 이상적인 아버지상이 된다는 이시하라 신타로의 주장이 다소 충격적으로 들리지만 역사상 위대한 인물을 보면 요절한 아버지를 둔 경우가 많았다.

인류 최고의 성인으로 존경받는 공자는 세 살 때 아버지를 여의고, 첩이었던 어머니와 함께 생활했다. 공자는 아버지로부터 인생의 지혜를 전수받지 못한 채 세상에 홀로 남겨진 셈이다. 대문호 톨스토이도 아홉 살 때 아버지를 잃었다. 톨스토이의 아버지는 아이들의 교육을 위해 모스크바로 이사를 갔지만 이내 죽고 말았다. 앞서 말한 버트런드 러셀도 두세 살 때 연이어 아버지와 어머니를 여의었고 할머니 집에서 어린 시절을 보냈다. 조선시대를 대표하는 대학자 퇴계 이황은 8남매의 막내로 태어나 생후 7개월 만에 진사인 아버지 이식이 병으로 죽자 홀어머니 박씨 밑에서 엄한 교육을 받으며 자랐다. 박씨는 남들로부터 과부 자식은 배운 게 없고 버릇이 없다며 따돌림을 받을까 봐 남보다 더 엄하게 교육시켰다고 한다.

아버지의 행동이 자녀의 삶을 바꾼다

모든 성인의 행동방식의 연원은 부모와 함께 살았던 성장기 시절로 거슬러 올라가 찾을 수 있다. 어쩌면 "우리 부모님의 이런 행동이 끔찍이도 싫었어. 그런데 내가 똑같이 따라하고 있잖아!"라는 말을 수없이 되풀이하며 살아왔을지도 모른다. 부모에게 받은 긍정적인 영향과 부정적인 영향을 구분하여 전자는 더욱 육성하고 후자는 제거하도록 노력해야 한다.

『위대한 가족을 만드는 7가지 원칙』의 저자 필립 맥그로는 알코올 중독자였던 아버지가 술을 마실 때 보이는 행동 때문에 많은 상처를 받았다.

아버지가 술 마시는 모습 자체도 싫었을 뿐만 아니라 나와 가족을 대하는 술 취한 아버지의 행동이 지독하게 혐오스러웠다. 술만 들어가면 아버지는 이기적이고 무례하고 천박한 사람으로 돌변했다. 나는 아버지가 창피했다. 아버지가 가족들을 또 어떤 식으로 당혹하게 할지 늘 불안했다. 그런 아버지 앞에서 나는 소극적이고 조심스러우며 냉소적이었다. 나는 그러한 나의 성격이나 태도, 두려움이 지금 나의 가족에게 전이되는 것을 원치 않는다. 그래서 옛날의 그 기억들을 머릿속에 따로 묶어 두고 현재의 나에게 영향을 끼치지 않도록 조심해 왔다. 그러나 동시에 아버지는 훌륭한 직업윤리의 모범을 보여 주셨을 뿐만 아니라 위험에서 우리 가족을 지키기 위해 한결같이 헌신하셨다. 아버지의 노력하는 모습은 우리를 자극했으며, 나는 아버지의 훌륭한 면을 보고 자란 덕분에, 또 그의 부정적인 면을 닮지 않으려고 노력한 덕분에 이만큼 자랄 수 있었다고 생각한다.

인생 전체를 놓고 보면 어린 시절은 짧은 기간에 속하지만 그 시기는 한 사람의 인생에 오래도록 강한 영향을 미친다. 또 현재 눈앞의 경험이나 특정한 상황이 순식간에 우리를 머나먼 어릴 적 기억으로 데려가기도 한다. 때로는 완전히 잊은 줄 알았던 어린 시절의 사건이 생생한 감정과 함께 기억의 수면 위로 선명하게 떠오른다.

부모가 보여 준 모습을 아이가 그대로 닮는 경우가 많다. 부모가 늘 고함을 지르면 자녀도 그런 사람이 될 확률이 높다. 부모가 냉정하고 무관심하며 자녀의 삶을 돌보는 데 소홀하면 그 역시 자라서 똑같은 사람이 되기 쉽다.

반면 매우 유능한 아버지를 둔 아들은 종종 자신감을 잃곤 한다. 그래서 위대한 아버지 밑에서 위대한 아들이 나올 수 없다는 말이 있는 것이다. 오히려 가난하고 배우지 못한 아버지 밑에서 큰 인물이 나오기도 한다.

천재 수학자를 만든 가난과 역경

일본 출신의 세계적인 수학자 히로나카 헤이스케도 그의 저서 『학문의 즐거움』에서 가난과 역경이야말로 성공으로 이끄는 가장 중요한 인자라고 강조했다.

부모는 크게 두 유형으로 나눌 수 있다. 한쪽은 자식에게 존경받는 부모가 되기 위해서 자신의 결점을 감추고 늘 좋은 점만 보이려고 하는 부모이고, 다른 한쪽은 자식 앞에서 그대로의 모습을 드러내는 부모이다. 후자의 경우는 장점과 단점을 감추지 않을 뿐 아니라 힘들 때는 힘든 대로, 고민이 있다면 그것을 자식들에게 이야기하고 지쳤을 때는 그대로 흐트러진 모습을 보여 준다.

어느 쪽 부모가 자식들에게 더 좋은 본보기가 될까? 나는 후자, 즉 있는 그대로의 모습을 보여주는 부모가 자식들에게 더 많은 것을 가르친다고 생각한다. 나의 부모님이 그러셨다. 돌이켜보면 나는 부모님에게서 지금껏 내 인생을 지탱해 온 그 무엇과도 바꿀 수 없는 소중한 것을 배웠다.

일본의 벽촌에서 장사꾼의 15남매 중 일곱 번째 아들로 태어난 히로나카는 아버지가 장사에 실패해 대학입시 일주일 전까지 거름통을 들고 노동을 했다. 대학교 3학년 때 수학자의 길을 선택한 그는 하버드대학교에서 수학 박사 학위를 따고 수학의 노벨상이라 불리는 필즈상을 수상한 입지전적인 인물이다.

그런데 그의 아버지는 "대학은 공부를 하지 않더라도 합격할 수 있는 사람만 가는 곳."이라며 히로나카를 상인으로 키우려고 했다. 방과 후에 집에 있는 히로나카를 보기만 하면 아버지는 "같이 거름통을 만들자."며 밭으로 끌고 나가 공부를 못 하게 했다. 히로나카는 이때 조그만 책상을 들고 아버지의 눈에 띄지 않는 장소, 예를 들면 이불장 같은 데 들어가서 손전등으로 불을 밝히고 책을 봐야 했다.

사실 그의 아버지는 전쟁 전에는 종업원을 50명이나 거느린 사장이었다. 전쟁통에 재산을 잃자 졸지에 행상을 하는 처지가 된 것이었다. 그는 허름한 옷을 입고 도시락을 싸들고서 매일 아침 자전거에 직물을 싣고 크고 작은 동네나 시골로 물건을 팔러 다녔다. 주인 나리로 불렸던 사람이 집집마다 찾아다니면서 머리를 숙이고 싸구려 직물을 팔았던 것이다. 먹고사는 것만큼 중요한 것이 없다는 생활철학을 가진 아버지는 삶에 대한 자신감으로 모든 일에 당당하게 대처했다고 한다.

그의 아버지는 '자선음덕(慈善陰德)'을 좌우명으로 삼아 평생 검소하게 생활하며 근검의 미덕을 발휘하도록 가르쳤다. 히로나카는 자선음덕을 강조하고 생활전선에 당당하게 대처했던 아버지의 정신이 오늘날의 자신을 만들었다고 회고한다.

마이너스를 플러스로 만드는 아버지의 믿음

대개 부모들은 자기 자식을 천재라고 생각하거나 실제로 그렇게 말하기도 한다. 그런데 아이에게 이러한 말을 하는 것이 교육심리학적으로도 상당한 효과가 있다는 사실이 검증되었다. 이를 '로젠탈 효과'라고 하는데, 타인의 기대나 관심으로 인하여 능률이 오르거나 결과가 좋아지는 현상을 말한다. 타인이 나를 존중하고 나에게 기대하는 것이 있으면 그에 부응하는 쪽으로 변하려고 노력하기 때문에 긍정적인 모습으로 변한다는 것이다. 심리학에서는 이를 '자기 충족적 예언'이라고 한다. 쉽게 말하자면 덕담 혹은 칭찬의 효과라고 할 수 있다.

　재일교포인 손정의 소프트뱅크 회장이 바로 로젠탈 효과의 수혜자다. 그의 아버지는 늘 "우리 아들은 천재다."라는 말을 자주 했다고 한다. 손정의는 천재가 아니었지만 아버지가 하시는 말씀을 믿고 우쭐해져서 정말 열심히 공부했다. 전학 간 학교에서도 학생회장 선거에 나가 당선될 정도로 자신감이 넘쳤다.

　아버지 말씀대로 "나는 최고가 될 수 있다."고 생각하니 정말 최고가 된 것이다. 현재 손정의 회장은 사업에서 큰 성공을 거두어 일본 최고의 재력가로 꼽힌다. 아버지의 말 한마디는 아들에게 자신감을 북돋워 주는 '마법의 샘'이 된다. 이렇듯 자녀에 대한 아버지의 말과 믿음은 때때로 아이들에게 큰 영향을 미친다.

　'개인 심리학'으로 프로이트와 쌍벽을 이루는 정신분석학자 알프레트 아들러 역시 비슷한 경우다. 그는 어렸을 때 수학 성적이 형편없었다. 낙제할 지경에 이르자 어느 날 선생님이 부모님을 불렀다. 선생님은 아버지에게 "아들러는 공부를 시켜 봐야 별 수 없을 것 같으니 차라리 구두 기술을 배우는 양화점 견습공으로나 보내는 것이 좋겠다."고 말했다. 하지만 아버지는 실망하지 않고 학업을 계속하도록 격려해 주었고 아들러는 결국 수학 시험을 통과했다. 그리하여 훗날 아들러는 프로이트에 버금가는 세계적인 정신분석학자로 명성을 떨치게 되었다.

　이처럼 신뢰가 충만한 가정에서 위대한 인물이 나오는 법이다. 어릴 적 아버지의 믿음이 준 강력한 효과를 경험한 아들러는 "인간의 가장 놀라운 특성은 마이너스를 플러스로 바꾸는 힘이다."라는 말을 남겼다.

　그는 아버지의 절대적인 믿음 덕분에 자신을 일으켜 세울 수 있었다.

만약 그때 아버지가 수학 선생님의 말을 따랐다면 아들러는 평생 제화 기술자로 살았을 것이다. 아버지의 순간적인 선택이 자녀의 일생을 바꿀 수 있다니 이 얼마나 가슴 서늘한 일인가.

현존하는 최고(最古)의 육아일기라 할 수 있는 『양아록(養兒錄)』은 조선의 문인 이문건이 유배지에서 생활할 때 손자를 키우면서 겪은 내용을 담은 책이다. 이조년의 8세손이기도 한 그는 을사사화에 연루되어 폐족이 되었고 형들도 사약을 마시고 죽었다.

생전에 퇴계 이황, 율곡 이이 등과 교류할 정도로 시문(詩文)에 능했던 그는 유배의 한을 아들과 손자가 대신 풀어 주기를 바랐지만 아들도 손자도 책을 멀리했다. 어찌나 답답했던지 높은 수양으로 존경받는 선비였지만 급기야 공부를 등한시하는 아들의 얼굴을 때려 코피까지 나게 했다.

손자마저 공부를 멀리하자 들고 있던 지팡이로 사정없이 때리기도 했다.

한번은 이문건의 부인이 욕설을 하는 손자를 보고 나무랐다. 그러자 손자는 발로 땅을 걷어차며 신경질을 부렸다. 이를 보고 이문건은 회초리를 들고 말았다. 그대로 내버려 두었다가는 사람으로서 당연히 지켜야 할 도리를 저버리고 몹쓸 짓을 저지르는 사람이 될지도 모른다는 생각이 들었기 때문이다.

이문건은 "할아비와 손자가 함께 실수를 저질러 그칠 때가 없구나. 반드시 할아비가 죽은 후에야 멈출 것이다."며 탄식했다. 그러고는 자신의 난폭함을 반성하며 일기를 썼다.

나는 화가 나서 책을 밀쳐놓고 대꾸하지 않았다. 다음 날 아침 늙은 아내에게 손자의 잘못을 깨우쳐 주어야겠다고 말했다. 손자를 불러 앞에 엎드리게 하고 말 부릴 때 쓰는 채찍 손잡이로 엉덩이와 종아리를 30대를 때렸는데 겁을 먹고 숨 막힐 듯 놀라기에 매질을 그만두었다. 또 초열흘 밤에는 글을 읽으며 익히려고 하지 않아 꾸짖고 그 이유를 말하라고 했다. 그러나 손자는 베개 위에 엎드려 아무 말도 없었다. 치밀어 오르는 화를 참지 못해 대나무로 만든 화살대로 등과 엉덩이를 때렸더니 숨을 잘 쉬지 못해 그만두기도 했다. 19일에도 살펴보고 학문을 익히도록 다시 타일렀지만 따르지 않자 갑작스럽게 화가 나서 지팡이를 집어 들고 사정없이 종아리를 때렸다.

그 일을 다시 생각해 보니 어렸을 때에는 늘 어여삐 여기고 안타깝게 생각해서 차마 손가락 하나 대지 못했지만 글을 가르치는 지금은 늘 성급

하게 화를 내고 손자를 사랑하지 않게 되었다. 어쩌다 이 지경이 된 것인가. 할아비의 난폭함을 진심으로 경계한다.

할아버지는 손자에게는 매를 잘 들지 않는 법인데 손자가 어지간히 애를 먹인 것 같다. 이렇듯 수양을 쌓고 쌓은 선비들도 자식 앞에서는 화를 주체하지 못해 매를 들었고, 매를 들고 나서는 그 자신도 울었다.

지나친 사랑은 아이를 망친다

한번은 나도 중학생이 된 아들에게 화가 나 '두 손 들기' 벌을 세웠다. 중간고사 성적이 기대치에 너무 못 미쳤기 때문이다. 그리고 이내 '한심한 아빠가 되지는 말자.'고 반성했다. 아들의 얼굴이 시험 스트레스 때문에 까맣게 죽어 있는 걸 보니 더 마음이 아팠다. 다음은 당시 내가 쓴 일기다.

아들 로마(재욱)가 어제부터 중간고사를 치르고 있다. 중학교에 들어가 처음 맞는 시험이어서 몹시 긴장하고 있다. 어제는 한문시험을 '망쳤고' 사회시험도 좋은 성적을 내지 못했다. 수학만 선방한 것 같다. 아내가 얼굴이 벌겋게 달아올라 집에 들어왔다. 아들이 엄마를 화나게 한 것이다.

성적은 우선 좋아야 한다. 아이가 부모를 가장 기쁘게 하는 것이야말로 뭐니 뭐니 해도 성적일 테니까. 나 역시 이 범주에 있다. 내가 늘 아들에게 하는 말이 있다.

"학생 시절에는 무조건 공부를 잘해야 하고 가능하다면 일등을 하는 것이 좋다. 우리나라처럼 교육열이 높은 나라에서는 성적순을 피할 수 없어. 공부를 잘하면 선생님이나 친구들에게서 인정을 받을 수 있지만 공부를 못하면 그렇지 않단다. 오히려 친구들에게 업신여김을 당할 것이고 선생님이 주목해 주지 않는 것은 두말하면 잔소리다."

친구들에게 공부 못한다는 소리를 들으면 아이는 자존감을 잃게 된다. 청소년 시절에는 자신의 존재감을 높일 수 있는 최고의 무기가 바로 성적이다. 성적이 안 좋으면 친구들이 존재를 인정해 주지 않는다. 자존감은 바로 존재감에서 나온다.

나는 아들이 공부를 잘해 좋은 대학에 들어가는 것을 바라지만 그보다 친구들이나 선생님에게서 자존심에 상처를 입는 비하적인 말이나 경멸, 수모를 느끼지 않을까 그게 늘 걱정이다.

어제는 아들의 한문 시험을 보고 너무 놀랐다. 둥바문자[東巴文字 : 중국 윈난성 북서부에 사는 나시족이 1,000년 전부터 사용해 온 상형문자]를 묻는 문제가 나왔는데 처음 들어보는 말이었다. 문학박사인 나도 50점을 맞기가 쉽지 않았다. 과연 이런 문제를 중1 수준의 아이들이 알아야 하는가 하는 생각이 들었다. 선생님은 무슨 생각으로 이렇게 어려운 문제를 출제했을까. 이러니 학원이다 과외다 하지 않을 수 없다. 사교육은 어쩌면 공교육이 조장하는 것인지도 모른다. 그래도 나는 아들에게 큰소리를 쳤다.

"선생님이 수업 시간에 가르치지 않은 내용을 시험에 낼 리 없어. 아빠도 대학에서 강의를 하지만 가르친 내용 중에서 시험 문제를 낸다. 아마도 네가 수업 시간에 선생님 말을 제대로 안 들은 게 분명해. 네가 안 배운 내용이라고 해도 이 문제를 맞히는 학생도 있잖니. 아버지가 수업 시간에 필기를 잘하고 말을 주의 깊게 들으라고 했는데……."

급기야 아들에게 거실에 앉아 손을 들고 있으라는 벌을 주었다. 아들은 눈물을 흘리면서도 안간힘을 쓰며 벌을 섰다. 내 마음도 아들의 신음소리에 비례해서 아파 온다.

이문건의 『양아록』과 500년 후에 내가 쓰는 일기가 어쩌면 이리도 닮아 있을까. 자녀교육의 순리는 변하지 않는 걸까. 『양아록』을 보면 부모의 지나친 사랑이 자칫 자녀의 인생을 망칠 수 있다는 사실을 알 수 있다. 앞에서 소개한 칼릴 지브란의 시에서처럼 아이는 결코 부모가 좌지우지할 수 있는 존재가 아니다. 아이가 짓는 미래의 집은 부모가 만들려고 해서는 안 된다. 부모는 다만 자녀에 대한 무한한 사랑과 인격체로서 신뢰하는 마음을 전해 주는 일을 하면 된다. 부모와 조부모의 사랑이 가슴 가득 새겨져 있다면 그 어떤 위기가 찾아와도 사랑의 힘으로 도전하고 극복할 수 있을 것이다.

자녀의 마음을 움직이는 편지 효과

이문건은 『양아록』을 쓸 정도로 자녀교육에 심혈을 기울였지만 자식들은 과거시험에 합격하지 못했다. 퇴계 이황 역시 아들과 손자에게 수백 통의 편지를 보내면서 공부를 독려하며 과거시험에 합격하기를 고대했지만 후손들은 이에 보답하지 못했다. "아이를 키우는 일은 때로는 즐거움이고 때로는 게릴라전이다."라고 말했던 에드 애스너의 말이 새삼 절실히 다가온다. 그래서 자녀를 훌륭하게 키워 낸 부모는 모두의 존경을 받는 것이 당연하다.

다산 정약용은 유배 기간 19년 동안 자녀교육에 힘써 두 아들을 학자로 만들었다. 이문건과 정약용, 둘 다 유배지에서도 아버지의 역할을 다했지만 방식은 달랐다. 이문건이 유배지에서 아들과 손자와 함께 직접 부대끼고 살면서 교육한 반면 다산 정약용은 간접적인 방법을 썼다.

다산은 두 아들에게 100여 통의 편지에 앞으로 살아갈 방도와 공부법 등을 써서 서신 교육을 했다. 편지 효과 덕분에 두 아들은 학문에 매진하여 학자가 되었다. 그는 『유배지에서 보낸 편지』에서 이렇게 말했다.

소매가 길어야 춤을 잘 추고 돈이 많아야 장사를 잘하듯, 머릿속에 책이 5,000권 이상 들어 있어야 세상을 제대로 뚫어 보고 지혜롭게 판단할 수 있다.

다산 정약용은 유배지에서도 두 아들 학연과 학유에게 "오직 독서만이 살 길이다."라며 책 읽기를 독려했다. 그는 유배지에 오기 전에는 공직 생활로 늘 바빠 책 읽을 시간이 거의 없었다고 토로했다. 다산은 특히 두 아들에게 "중년에 재난을 만난 너희들 같은 젊은이만이 진정한 독서를 하기에 가장 좋다."고 강조했다.

경제 위기와 취업난으로 몸살을 앓는 요즘 시대에 더욱 새겨들어야 할 말이다. 사정이 어려워졌다고 신문을 끊거나 책 읽기를 사치로 여기면서 삶을 놓아 버리는 것이 아니라 그럴수록 더 책을 읽기를 중요하게 생각해야 한다.

다산은 또 책은 어떻게 써야 할지, 책에는 어떤 내용이 반드시 포함돼야 할지도 상세하게 조언해 주기도 했다. 그가 두 아들에게 일러 준 '선비의 양계법'은 퍽 인상적이다. 그는 아들에게 "선비의 양계와 소인의 양계의 차이는 닭을 치면서 경험하는 지혜와 실상을 담아 책으로 만들어 후세 사람들에게 그 지혜와 정보를 전하는 데 있다."고 들려준다. 선비가 벼슬을 못 하고 양계를 하더라도 글을 써 양계법의 지혜를 전하면 그게 세상과 소통하는 '선비의 양계법'이라고 강조한다.

또 다른 편지에서는 『거가사본(居家四本)』을 편찬하라고 주문했다. 주자가 주장한 집안을 다스리는 4가지 근본을 담아 책을 쓰라는 것이다. 4가지 근본이란 이와 같다.

화합하여 잘 지내는 것[和順]은 집안을 질서 있게 하는 일[齊家]의 근본이요, 부지런하고 검소한 것은 집안을 다스리는[治家]의 근본이요, 독서는 집안을 일으키는[起家] 근본이요, 원리를 따르는 것은 집안을 보호하는[保家] 근본이라.

모든 아버지는 영웅이 될 수 있다

조셉 캠벨은 『신화의 힘』에서 "영웅이란 자신의 삶을 자기 자신보다 큰 것에 바친 사람을 일컫는다."고 말했다. 대부분의 아버지는 자신의 삶을 다음 세대인 자녀의 성공을 위해 바친다. 자녀가 자신보다 더 성공하고 더 부유하고 더 높은 사회적 지위를 갖기를 바라면서 기꺼이 자신의 삶을 희생하는 것이다. 아버지란 그런 것이다.

경북 지방에서 이름난 청계 김진(의성 김씨) 가문을 보자. 청계 가문이 500년 동안 명문가로 이름을 떨칠 수 있었던 배경에는 퇴계 이황과 동시대를 살았던 청계 김진이 있다. 청계는 젊은 나이에 과거시험 준비를 그만두고 고향에서 자녀교육에 전념했다.

옛 선비들은 어느 정도 나이가 되면 청운의 꿈을 펼치기 위해 아내와 자녀까지 방치한 채 과거 공부에 매진했다. 신분 사회에서 가장이 과거에 합격하지 못하면 가문은 커다란 위기에 봉착하기 때문이다. 청계도 처음에는 과거를 준비했는데 돌연 이를 포기하고 다른 길을 택했던 것이다.

청계는 과거 공부에 열중해 중종 20년(1525), 스물여섯 살이 되던 해에 사마시에 합격했다. 사마시는 최종 시험인 문과 시험을 보기 위해 치러야 하는 1차 시험에 해당한다. 사마시에 합격한 청계는 2차 본시험인 대과를 준비하고 있었다. 어느 날 서울로 가기 위해 문경 조령을 넘을 때 그는 우연히 한 관상가에게서 이런 말을 들었다.

"허허, 신수를 보아하니 생참판(生參判)이 되는 것보다는 증판서(贈判書)가 더 낫겠구려."

생참판은 살아서 참판이 되는 것으로, 이는 과거시험에 최종 합격해야만 이룰 수 있다. 증판서란 아들이 과거에 합격하고 고위직에 오를 경우 그 아버지에게 명예직으로 벼슬(판서)을 내려 주는 것을 말한다.

청계는 그 길로 고향으로 돌아와 자녀교육에 매진했다. 그야말로 파격적인 선택이 아닐 수 없다. 자신의 입신양명보다 백년대계를 위한 자녀교육이 중요하다고 판단하여, 이른바 지속 가능한 가정 경영의 초석 쌓기에 나선 셈이다.

또한 그는 마흔일곱 살에 아내를 잃었는데, 슬하에 스물다섯 살인 장남부터 젖먹이인 두 딸까지 모두 5남 3녀의 자녀를 두고 있었다. 당시에는 반가에서 아내가 죽으면 대부분 후처를 들였지만 그는 새로 장가도 들지 않고 8남매를 혼자서 키워 냈다. 재혼을 할 경우 생길 수 있는 불화를 염려한 것이다.

청계의 자녀 교육은 자애로우면서도 매우 엄격했다. 1547년에 서당을 열고 자녀들과 고을의 소년들을 모아 학칙을 세우고 엄격하게 공부를 시켰다. 자녀들이 성장하자 5형제를 모두 퇴계 문하에 보내기도 했다.

사실 당시에는 퇴계 문하에 자녀를 보내기를 주저하는 부모들도 있었다. 퇴계는 과거시험에 전혀 대비해 주지 않고 오로지 학문을 연마하는 목적으로만 제자를 길러냈기 때문이다. 일종의 학원이기는 한데 성적 올리기나 취직 시험, 고시 공부에는 도움을 주지 않은 셈이다.

자녀의 성적과 성공, 즉 과거시험만 중시하는 아버지의 입장에서 보면 퇴계를 과외 선생으로 모시기는 어려웠다. 그런데 청계는 5형제를 모두 퇴계의 문하에 보내 공부하게 했다. 또한 집에서 30리나 떨어진 곳에 선유정을 지어 자녀들이 호연지기를 기르면서 공부하게 했다.

청계의 자녀 교육에 힘입어 마침내 그의 다섯 아들은 모두 과거시험에 합격했다. 장남인 약봉 김극일을 비롯해 귀봉 김수일, 운암 김명일, 학봉 김성일, 남악 김복일이 바로 그 주인공이다. 이 중에서 김극일, 김성일, 김복일이 문과에 급제했고, 김수일, 김명일도 사마시에 합격했다. 청계 가문은 5형제가 모두 과거에 합격해 '오자등과택(五子登科宅)'으로 회자되었고, 청계는 '증이조판서'에 올랐다. 허튼소리로 넘길 수도 있었던 관상가의 예언이 적중한 셈이다.

아버지에게 필요한 덕목은 엄격함과 자애로움

전통적인 부성애는 엄격함을 특색으로 한다. 현대적인 부성애는 엄격함보다는 친구같이 편안한 관계 속에서 형성된다. 이는 이미 청계가 500년 전에 자녀교육에서 활용했다. 그는 친구 같은 스승, 친구 같은 아버지였지만 그렇다고 결코 권위를 잃지는 않았다.

인성 교육은 가정의 몫이다. 사회적 성공도 중요하지만 그보다 남을 배려할 줄 알고 더불어 살아갈 수 있는 인재로 키워야 한다. 그렇지 않으면 나중에 부모가 그 자녀들로 인해 고통을 겪게 되는 것이다.

언젠가 TV에서 두 딸을 애지중지 키운 부모가 자식들에게 버림받아 캐나다에서 오도 가도 못 해 이른바 '고려장'을 당한 사연을 보았다. 그 부모는 자식에게 사랑을 주었지만 자녀들은 부모를 사랑하지도 존경하지도 않았다. 자녀로부터 존경받지 못하는 부모의 자식 사랑은 자칫 자식을 이기적인 사람으로 만들 수 있다.

그게 부메랑이 되어 결국은 자신에게 돌아온다. 자식을 망치고 급기야 자신의 인생마저 삼킨다. 여기에 그치지 않고 사회를 병들게 한다. 친구 같은 아버지 역할을 하더라도 아버지로서의 '권위'를 잃어서는 안 된다.

권위와 권위적인 태도는 다르다.

아버지는 아버지다워야 하고[父父] 자녀는 자녀다워야[子子] 한다. 이는 공자의 『논어』에 나오는 말이다. 아버지는 아버지답게 사랑으로 자녀를 교육하고 자녀는 자녀답게 아버지를 존경으로 대해야 한다. 아버지는 내리사랑으로 자녀를 돌보고 자녀는 존경으로 부모를 대할 때 비로소 자녀 교육이 완성된다.

헤르만 헤세를 키운 엄격한 부성애

초등학교 3학년이었던 어느 날 나는 길가의 한 가난한 노동자에게 유리 조각을 던진 일이 있었다. 그 사람은 우리 아버지에게 달려오더니 나의 행위를 일러바치며 말했다. 나는 나쁜 짓만 저지르는 데다가 아무짝에 쓸모없는 거리의 폭군이라는 것이었다. 아버지가 실토하라고 했지만 나는 완강하게 부인했다. 나는 심한 꾸중을 들었다. 며칠 후 나는 기가 죽어지냈으며 적개심에 불탔다. 그런데도 아버지는 아무 말도 없었다. 우리 집 안에는 그늘이 드리웠다. 그때 마침 아버지는 일주일간 여행길에 올랐다. 내가 학교에서 돌아왔을 때 아버지는 벌써 여행을 떠난 후였다. 아버지는 나에게 짤막한 편지 한 장을 남겨 놓았다.

나는 네가 아직껏 이해하지 못하고 있는 네 잘못에 대해 야단을 쳤다. 그런데도 너는 나에게 거짓말까지 했다. 그러니 너와 어떻게 더불어 이야기를 하겠느냐? 만일 그렇지 않다면 내가 너를 매질한 것은 잘못이었다.

일주일 후 내가 다시 돌아올 때 우리 둘 중 어느 한 사람이 사과해야 할
것이다.

아버지가

하루 종일 나는 가슴이 답답했다. 나는 편지를 들고 집 안과 정원을 쏘
다녔다. 다음 날 아침 나는 그 편지를 들고 어머니 침대로 가서 울어 버
렸다. 아무런 말도 나오지 않았다. 그리고 뛰어나가 버렸다. 한참 동안 집
에 들어오지 못한 채 주위를 빙빙 돌았다. 모든 것이 아득하게 멀어졌다고
느껴야 했다. 저녁 때 나는 오랜만에 어머니의 발밑에 앉아서 아주 어렸
을 때 그랬던 것처럼 이런저런 말씀을 듣게 되었다. 어머니의 말씀은 달콤
했다. 어머니의 움직이는 입은 따뜻한 모성애로 넘쳤다. 그러나 그 이야기
는 이제 아름다운 동화만은 아니었다. 어머니는 어느 날 내가 낯설게 느껴
지게 된 시기에 대해서 말했다. 그리고 얼마나 불안한 심정으로 그리고 사
랑의 마음으로 나를 따라다녔는지 이야기했다. 어머니의 말씀 하나하나는
나를 부끄럽게 하기도 했고 행복하게 하기도 했다. 그러고 나서 어머니와
나는 아버지의 사랑이란 무엇이며 아버지의 엄격함이란 어떤 것인지에 대
해서 이야기를 나누었다. 우리들은 아버지를 그리워하며 돌아오기를 기다
렸다.

아버지가 여행을 끝내고 집에 돌아온 날은 마침 여름방학이 시작되기
바로 전날이었다. 그리하여 나의 기쁨은 몇 갑절 더했다. 몇 마디를 주고받
은 다음 아버지는 나와 함께 서재에서 나왔다. 아버지는 나를 어머니에게
보내면서 이렇게 말했다.

"부인, 여기 우리 아이가 새로 생겨났소. 오늘부터 이 아이는 다시 내 아들이 되었구려!"

어머니는 웃으면서 대답했다.

"나는 벌써 일주일 전부터 그 앨 다시 아들로 삼았답니다."

우리는 즐겁게 식탁에 둘러앉았다.

이 에피소드는 헤르만 헤세의 실제 이야기다. 헤세는 수상집 『삶이여 깨어 있는 자유여』에서 아버지에게 거짓말한 게 탄로나 한바탕 혼쭐이 난 어린 시절의 추억을 이렇게 회상했다. 자신의 잘못으로 인해 집에 그늘을 드리우고 그 그늘을 걷어 냈던 일은 어린 시절 누구나 한 번쯤 경험해 봤을 것이다. 이때 '엄부자모'의 조화가 참으로 아름답다. 어느 아버지인들 자식을 사랑하지 않겠는가? 엄한 아버지에 자애로운 어머니의 조화가 집안을 화목하게 만드는 것이다.

　대니얼 골먼은 『감성의 리더십』에서 "막스베버의 주장처럼 특정 체제가 지속적으로 발전할 수 있는 것은 지도자 한 사람의 카리스마 때문이 아니라 체제가 자신의 체계 안에서 리더십을 개발했기 때문."이라고 말한다. 베버의 주장은 오랜 세월에 거쳐 살아남을 수 있는 기업을 세우는 데도 적용된다. 오래 번창하는 회사들은 모두 새로운 세대의 유능한 리더들을 키워낼 수 있는 나름의 묘책을 지니고 있다.

　다니엘 골먼의 이러한 주장은 기업뿐만 아니라 가정에도 그대로 적용될 수 있다. 기업이든 가정이든 지속적으로 발전하기 위해서는 비슷한 원칙과 룰이 적용될 수밖에 없다. 대대로 인재를 배출하거나 재산을 축적해 온 가문들의 경우 가문 나름대로 하나의 가풍을 지니고 있어 가풍을 잘 유지하기 위해 노력할 것이기 때문이다. 그래서 의사나 변호사, 예술가 등을 대대로 배출해 온 집안이 생겨나는 것이다. 정치가나 기업가를 배출했던 집안은 또 정치인이나 기업가을 대대로 배출할 가능성이 크다. 가풍이나 가훈이 중요한 까닭도 바로 여기에 있다.

'고시 명가'의 기적을 이룬 아버지

요즘은 자식 하나도 제대로 키우기 힘들다. 조기교육에다 과외 등 아이에게 들어가는 엄청난 사교육비를 부모는 아이를 낳기 전부터 걱정을 한다. 하지만 경기대학교 송하성 교수의 가족 이야기를 들으면 자식 농사에서 가장 중요한 것은 무엇보다 아버지의 진실한 삶에 있음을 깨닫게 된다.

이 집안은 4남매가 조기교육이나 과외 한 번 받아 본 적도 없이 경쟁을 하듯 고시를 준비했고 4남매 모두가 합격했다. 놀라운 사실은 그들이 천재도 아니며 우리나라 최고 대학교 출신도 아니라는 것이다.

장남인 송하성 씨는 성균관대학교 경제학과를 졸업하고 1978년 제22회 행정고시에 합격해 경제기획원과 청와대 경제비서실 과장을 거쳐 프랑스 소르본대학교로 유학해 경제학 박사 학위를 취득했다. 주미대사관 근무 시절에는 주경야독하며 조지타운대학교에서 로스쿨을 이수, 국제변호사 자격증도 땄다.

소아마비를 앓은 장애인이기도 한 차남 송영천 씨는 단국대학교 법대를 나와 제23회 사법시험에 합격해 현재 부장판사로 근무하고 있다. 넷째는 연세대학교 학생회장 출신으로 386세대의 대표주자인 송영길 국회의원이다. 노동운동을 하면서 제36회 사법시험에 합격해 인권변호사로 활동했다.

마지막으로 전남대학교 영문과를 나온 송경희 씨는 오빠들이 연이어 고시에 합격하자 직장에 다니다가 행정고시에 도전했고, 1996년부터 정보통신부에서 근무하고 있다.

그런데 여기서 그치지 않고 2008년에 또 한 명의 고시 합격자를 배출했다. 송하성 교수의 장남이 제49회 사법시험에 합격하여 2대째 그 명성을 이은 것이다. 한 집안에서 한 명도 나오기 힘든 고시 합격자가 무려 5명이나 될 수 있었던 비결은 무엇일까.

그 비밀은 아버지의 힘에 있다. 공무원 출신인 그는 답답할 정도로 원리 원칙을 따랐고 말이 아닌 행동, 결과보다 과정이 중요하다는 것을 자녀들에게 가르쳤다. 공직생활을 하며 휴일이면 농사를 지었고 퇴근 후에는 늘 책을 가까이했다. 자녀에게 공부하라는 말은 단 한마디도 하지 않았다. 다만 자녀가 거짓말 하는 것은 결코 용납하지 않았다.

고시 4남매의 어릴 적 기억 속에 있는 아버지는 늘 책을 읽고 서류를 작성하고 무언가를 노트에 기록하고 있었다. "공부하라."는 잔소리 한 번 안 해도, 그들은 아버지의 모습을 좇아 책상머리에 앉곤 했다고 한다. 농사지으면서도 책 보고 공부하던 아버지를 본받지 않을 수 없었던 것이다.

아버지 송병천 씨의 공식 학력은 초등학교 졸업이 전부다. 집안 사정으로 상급학교에 진학하지 못했지만 그에게는 타고난 학구열이 있었다. 홀어머니를 모시고 농사를 지으면서도 독학으로 중학교와 고등학교 과정을 마쳤다. 결혼 후 세 아이를 두었을 때는 서른이라는 나이에 9급 공무원 시험에 합격해 공직에 발을 들여놓았다. 공직에서 은퇴한 뒤에도 아버지는 전남대학교 경영대학원과 광주유교대학에 다닐 정도로 아직도 학구열이 대단하다.

그러한 향학열은 자녀들에게 신선한 자극이 되었을 것이다. 아버지의 성공 스토리가 자녀들 마음속에 그대로 스며든 것이다. '고시 명가'를 만든 원동력은 바로 아버지의 높은 학구열과 이를 직접 보여 준 것이 큰 역할을 했다고 볼 수 있다.

'착한 영웅'을 만들어 낸 아버지

우리 시대의 성공모델로 회자되는 안철수 카이스트 석좌교수는 지금까지 세 번의 큰 변신을 했다. 의사에서 기업인으로, 기업인에서 교수로 각각 전혀 상관없어 보이는 새로운 길을 나아갔다. 그러나 그가 존경받는 이유는 이러한 천재적인 능력뿐만 아니라 사회에 공헌할 줄 아는 겸손함과 진정성에 있다. 원칙이나 소신을 지키고 행동으로 옮기는 모습이 감동을 전하는 것이다.

안철수 교수의 아버지는 현재 부산의 한 가난한 동네에서 여든을 넘긴 나이에도 의사로 활동하고 있다. 아버지 안영모 원장은 일제 치하 시절 6년제 부산공립공업중학교를 졸업하고 서울대학교 의대를 나와 7년간 군의관 복무를 마친 뒤 의사의 길을 걸었다. 1963년 갓 돌이 지난 아들 안철수를 안고 당시 부산의 판자촌이었던 범천동으로 간 안 원장은 그곳에서 병원을 개업했다. 영양실조와 각종 고질병이 난무하던 가난한 동네에 병원을 차린 그는 시내 병원의 절반 값을 진료비로 받으며 형편이 어려운 이들을 치료했다. 사회에 봉사하고 공헌하는 아버지의 삶은 아들 안철수에게 본보기가 된 것이다. 그는 자녀에게 늘 이렇게 말했다.

"금전에 눈을 두지 말고 명예를 중히 여겨라. 지금까지 좋은 일을 했더라도 앞으로 더 많이 해야 한다. 평생 남을 위하는 마음으로 살아라."

'능력 있는 사람이 사회에 베풀어야 한다.'는 안철수 교수의 인생철학은 아버지로부터 생긴 것이다. 특히 그의 아버지는 가난한 이웃들에게는 진료비조차 받지 않았다. 안철수 교수가 초등학생이었을 때 아버지는 병원 앞에서 교통사고를 당한 신문 배달 소년을 치료해 주고 "어린 학생이 돈이 어디 있겠느냐?"며 치료비도 받지 않고 그냥 보내 주었다. 이 일이 주위에 알려져 신문에 실렸는데 그때 그는 이 신문기사를 보고 아버지를 더 존경하게 되었다고 한다.

안철수는 「매일신문」 과의 인터뷰에서 아버지는 책과 가까이하는 분이라고 말한 바 있다.

"부모님은 저에게 이래라저래라 하는 말을 거의 안 하셨어요. 어렸을 때 아버지가 병원 앞에서 교통사고를 당한 신문 배달 소년을 무료로 치료해 줬다는 사실도 신문기사를 통해 알게 되었죠. 또 아버지는 진료가 없을 때는 항상 책을 보고 계셨어요. 거의 다 일본 소설책이었지만요."

안 원장은 환자를 진료한 것만큼이나 책을 가까이 했다고 한다. 진료

시간 틈틈이 일본어 소설을 읽을 정도로 독서를 생활화했다. 안철수 교수는 "세상을 살아가는 방식에 대해 아버지로부터 직접 가르침을 받은 적은 없지만 이런 모습을 통해 인생의 가치관을 세운 것은 사실."이라고 했다. 안철수는 "전공이 따로 없었던 시대에 의사가 되신 아버지는 쉰여섯 살에 전문의(가정의학과) 시험을 치러 통과하셨다."면서 이때 평생 연구하며 최선을 다하고 도전하는 아버지의 모습에 큰 감명을 받았다고 한다.

나는 인터넷에서 성공한 사람의 동영상을 봤다. 물론 그 사람은 유명하고 돈도 많이 벌었다. 그런데 이 사람이 뭘 성공한 사람인가 하는 생각이 들었다. 여러분들의 성공이란 무엇인가? 내 생각에 성공이란 자기가 하고 싶은 일을 하면서 사는데 그것을 굉장히 잘하게 됐고 남들에게도 도움이 되는 사람이다. 예를 들면 안철수 씨 같은 사람이다.

2008년 5월 1일 「한겨레」에서

이는 소설가 공지영이 한 강연에서 했던 말이다. 공지영은 "물론 돈을 무시할 수 없는 것이지만 절대로 1번 자리에 가게 만들면 안 된다. 그렇게 되는 순간 내 인생은 매우 황폐해질 것이라고 생각한다."고 말했다. 작가 공지영도 성공은 돈보다 자기가 좋아하는 일을 하며 남을 돕는 것이라고 정의한다. 돈이 최우선이면 모든 소중한 덕목들이 뒤로 밀려날 수밖에 없기 때문이다.

거듭 변신하는 안철수의 성공 모델은 이기적인 성공 신화가 판치는 우리 사회에서 신선한 자극을 제공하고 있다. 그 시작은 다름 아닌 아버지

안영모 옹의 이웃 사랑에서 시작했다고 할 수 있을 것이다.

성공에는 대가가 따른다

공지영은 또한 "20대에 실패하지 않으면 나중에 감당하기 힘들다. 사랑에도 꼭 실패해 봐야 한다. 취직에도 실패해 봐야 한다."면서 하고 싶었던 일에도 좌절해 보면 나중에 인생을 다채롭게 살며 성공할 수 있다고 말한 적이 있다.

20대에는 실패를 해도 용납이 된다. 다시 일어설 수 있는 기회가 충분히 있다. 도전하는 정신 또한 아름답다. 하지만 나이가 들수록 실패는 큰 부담을 안긴다. 결혼을 하고 아이가 생기고 또 아이가 커 갈수록 남자는 가족들에게 '실패하는 아버지'의 모습을 보이고 싶지 않을 것이다. 또 그러한 모습을 가족에게 보이는 것도 바람직하지 않다.

또한 아버지는 성공에는 반드시 대가가 따르고 성공한 사람일수록 업무로 인한 긴장과 스트레스에 시달린다는 점도 들려줄 필요가 있다. 성공한 사람은 겉으로 보기에 아무런 스트레스나 긴장감에 시달리지 않는다고 흔히 생각하기 쉬우나 결코 그렇지 않다. 성공의 이면에는 성공한 사람만이 홀로 감당해야만 하는 스트레스가 반드시 존재한다. 이를 이겨낼 수 있는 사람만이 성공 신화를 만드는 주인공이 된다.

"참고 기다렸지만 본래 이승엽의 모습이 아니다. (이승엽을 계속 기용하는 것은) 다른 선수들에게 미안한 일이다."

2009년 초 요미우리 자이언츠의 하라 타츠노리 감독이 타격 부진으로

2군으로 추락한 이승엽에 대한 실망감을 드러낸 말이다. 이승엽이 감당해야 할 스트레스를 생각하면 '세상에 공짜는 없다'는 단순한 진리를 생각나게 한다. 프로들이 치르는 '인간적 비용'이 만만치 않음을 알 수 있다.

프로선수든 예술가든 정치인이든 최고경영자든 직장인이든 학생이든 누구나 자기 몫의 스트레스가 있다. 그리고 스트레스는 경쟁사회에 살고 있는 인간이라면 예외 없이 혼자 고독하게 감당해야 한다. 이때 스트레스는 최선을 다하고 완벽하기를 바라는 사람에게 오는 지극히 '인간적'인 현상으로 받아들이는 게 중요하다.

아버지는 이런 이야기마저도 자녀에게 들려주면서 정신적인 무장이 왜 중요한지를 깨닫게 해야 한다. 요즘처럼 '엄친아'와 같은 사회적 신드롬이 생길 만큼 어머니에 의존적인 자녀들이 많을수록 아버지는 자녀의 육체적 건강과 함께 정신의 건강, 마음의 건강을 자주 체크해 주어야 한다. 수학이나 영어 공부를 잘하는지 체크하는 것이 아버지의 역할이 아니다.

　알랭 드 보통은 『불안』에서 요즘에는 돈에 대한 생각이 과거와 크게 달라졌다고 지적한다. 예전에는 신분이 세습돼 자신이 노력하지 않아도 부자가 될 수 있었기에 부자는 사회적으로 존경의 대상이 될 수 없었다. 그런데 요즘에는 자신의 노력에 따라 성공하고 부자가 될 수 있기 때문에 부자라고 하면 다른 사람보다 더 능력이 뛰어난 존재라고 인정하게 된다. 부자를 백안시하던 풍조에서 부자를 존중하는 시대로 변했다는 것이다. 달리 말하자면 요즘은 '공부도 잘하고 돈도 잘 버는' 사람이 사회에서 각광받는 시대다.

아버지가 자녀에게 멘토링을 할 때는 시대적인 트렌드를 먼저 알아야한다. 이전 아버지가 청소년기를 보낼 때 부모님에게 들은 말처럼 "너희들은 공부만 잘해라. 엄마 아빠는 무슨 일을 해서든지 돈을 많이 벌어너희들을 공부시켜 주겠다."고 공언하는 것은 이제 시대착오적인 자녀교육법이라고 할 수 있다.

이제는 자녀에게 경제적으로 홀로서기를 돕고 사회적으로 존경받는인재로 자랄 수 있도록 응원하고 조언하는 데 초점을 맞추어야 한다. 특히 자신만 아는 이기적인 인재는 작은 성공을 거둘지 몰라도 사회적으로 큰 성공을 거두거나 존경받는 사람이 되기는 힘들다. 사람들은 대부분 성장기를 거쳐 사회인이 되는데 다음과 같은 유형 중 하나에 속하게된다.

① 공부는 잘했지만 세상물정에 어두워 가난하게 사는 사람

② 공부도 잘하고 세상물정에 밝아 부자가 된 사람

  또는 공부도 잘하고 존경받는 부자가 된 사람

③ 공부는 못했지만 세상물정에 밝아 부자가 된 사람

④ 공부도 못하고 세상물정에도 어두워 가난한 사람

모든 학생들은 ②나 ③의 유형이 되기를 바랄 것이다. ②은 자칫 엘리트주의에 빠져 오만할 수도 있고 ③은 반대로 열등의식에 사로잡혀 피해의식을 가질 수 있다는 단점을 각각 가지고 있다. 주변을 보면 부자지만대학을 나오지 못해 항상 열등의식에 사로잡힌 사람이 있다. 그래도 모

든 사람들은 ②의 유형을 바란다. 공부도 잘하고 부자로 살았으면 하는
게 모든 부모들의 심정이다. ①은 조선시대까지는 통했지만, 지금은 순
진한 사람으로 보여 오히려 무시당할 수 있다. ④는 어디를 가나 무시당
하고 경멸의 대상이 되니 아무도 바라지 않는 유형일 것이다. 지금 나의
자녀가 어느 유형에 해당하는지 자문해 보고 자녀교육의 방향을 다시
잡아 보자.

자녀교육의 백년대계를 세워라

"아버지와의 추억은 죽음보다도 강하다."

이 말은 전 세계적인 와인 열풍에 따라 화제가 되고 있는 만화 『신의
물방울』을 보면 이해할 수 있다. 이 만화에서는 아버지가 아들을 위해 먼
미래까지 내다보고 영재교육을 준비한 모습을 찾아볼 수 있다. 교육은
백년대계라는 말이 있듯이 자녀교육에도 백년대계가 필요하다.

이 만화는 암으로 죽은 와인 평론가 아버지(칸자키 유타카)와 아버지의
속을 무던히도 썩인 아들(칸자키 시즈쿠)의 이야기가 중심이다. 칸자키 유
타카는 여행을 갈 때마다 어린 아들을 데리고 다녔다. 미술작품을 함께
보고 음악을 함께 듣고 레스토랑에서 함께 음식을 먹었다. 아무것도 알
지 못하는 아들은 나중에 커서 아버지와 함께 다녔던 여행에서의 기억을
떠올리며 와인 전문가로 거듭나게 된다.

"어릴 때부터 아버지의 여행지를 따라다니며 음악과 그림을 감상하고
레스토랑도 셀 수 없을 정도로 드나들었거든. 그런 아버지의 생각을 모를

리 없잖아.”

칸자키 시즈쿠는 이렇게 회상한다. 아버지와의 여행 그 자체가 와인 영재교육이었던 것이다. 시즈쿠는 아버지가 죽은 후 뒤늦게 철이 들어 그가 이끈 와인의 길로 들어섰다.

눈여겨볼 대목은 유타카가 아들이 어렸을 때부터 철저하게 와인 전문가의 길로 갈 수밖에 없도록 훈육했다는 것이다. 어린 아들은 눈치채지 못했지만 아버지는 후각과 미각을 키워 주기 위해 노력했다.

디캔팅(decanting : 병에 든 포도주를 유리용기에 따르는 것)은 와인의 맛을 ‘열어 주는’, 한마디로 와인을 공기와 만나게 해 단숨에 숙성을 진행시키는 작업이다. 시즈쿠의 디캔팅은 섬세하고도 대범했고 눈이 휘둥그레질 정도로 화려했다. 아버지가 마시는 와인의 디캔팅은 시즈쿠의 일이었다. 실패라도 하면 야단을 맞고 수없이 물로 연습을 해야 했다.

와인 평론가가 되기 위해서는 꼭 필요한 디캔팅 기술을 어릴 때부터 몸에 익히게 한 것은 다름 아닌 ‘기초 중시’를 가르치기 위해서이다. 향을 감별하기 위한 후각 훈련뿐만 아니라 감성과 표현력을 키우기 위해 시, 음악, 그림 교육도 병행했다. 바로 그것이 와인 영재교육으로 이어졌다. 시즈쿠는 아버지가 죽은 후 유언으로 남긴 과제를 풀면서 와인 전문가로 거듭나게 된다.

아버지가 자녀의 평생 ‘라이프 플래너’의 역할을 한다면 자녀에게는 최고의 아버지라고 할 수 있다. 라이프 플래너의 역할을 하자면 자녀를 속속들이 알아야 하는데 결코 쉬운 일이 아니다. 이는 자녀를 세심하게 관찰하고 또 친밀한 관계를 유지하면서 자녀의 재능을 파악해야만 가능하다.

부모는 자녀가 미래에 숭고한 목표와 꿈을 이룰 수 있도록 멘토의 역할과 함께 조언자이자 스승의 역할도 아울러 해야 한다. 누구라도 아버지만큼 애정을 갖고 자식의 미래를 염려하고 걱정하는 사람은 없을 것이기 때문이다. 이때 중요한 것은 먼저 아버지가 자녀의 적성과 소질을 파악하는 것이며 이를 기준으로 인생설계를 도와주어야 한다. 물론 아이가 어떤 길을 가고자 하는지를 제일 우선적인 기준으로 삼아야 함은 두말할 나위가 없지만 아버지 역시 삶의 경험과 지식을 바탕으로 조언자의 역할을 다해야 한다.

모든 자녀는 아버지에게서 배운다

아버지가 자녀의 라이프 플래너로서의 역할을 하며 조언자이자 멘토, 스승의 역할을 다할 수 있지만 아버지의 삶 그 자체가 자녀에게 큰 영향을 끼치기도 한다. 아버지의 존재 그 자체만으로 자녀에게 인생의 스승 역할을 할 수 있다는 것이다.

빅터 고어츨이 세계적 인물 400명을 분석한 『세계적인 인물은 어떻게 키워지는가』에 따르면 자기주장이 강한 가정의 자녀는 부모에게 반항하기보다 오히려 부모를 모방한다고 한다. 이 책에서 분석한 세계적인 인물 400명 중 227명의 부모는 뚜렷한 정치적 입장을 견지했고 개혁 운동에 참여했거나 논란을 불러일으킬 수도 있는 주장을 서슴지 않았다. 결국 아버지의 강한 자기주장이 자연스럽게 아이들에게 멘토링이 되었다고 할 수 있다.

부모 특히 아버지가 아이에게 존경받으며 본받고 싶은 역할 모델이 되면 그 아이에게 영웅이 된다. 빅터 고어츨은 자녀를 세계적 인물로 키워낸 부모는 '공부와 성취를 중시하며 평생 책벌레'였다는 공통적인 특징이 있다고 분석한다. 달리 말하자면 내 아이의 영웅이 되기 위해서는 평생 공부하고 평생 책을 가까이 해야 한다는 것이다.

또한 아버지가 자신의 신념으로 인해 고통받고 실패하는 모습을 보이더라도 자녀가 성공하는 데는 아무런 장해가 되지 못했다. 정치적 운동이나 논쟁적인 사안에 대해 자기주장이 분명한 아버지 밑에서 자란 아이는 후에 아버지가 실패자가 되더라도 정치가, 인도주의자, 개혁가가 될 가능성이 높다는 것이다. 장애나 외모 등으로 고민한 경우에는 자신의 단점을 보완하기 위해 더 강력한 열망을 갖기도 했다.

반면 자녀에게 특별히 간섭하지 않음으로써 평범한 환경을 제공하는 중립적인 부모 밑에서는 아무리 뛰어난 재능을 보인 아이라도 결국 평범하고 보통 수준의 인물밖에 될 수 없다고 한다. 오히려 매우 유능한 아버지를 둔 자녀는 종종 자신감을 잃는다고 한다. 이것이야말로 '자녀교육의 역설'이 아닐 수 없다.

실패한 아버지에게서 배우는 이기는 습관

『세계적 인물은 어떻게 키워지는가』에 따르면 실패자 아버지는 두 가지 유형이 있다. 고고한 척하면서 은둔하는 몽상가 아버지와 세상 이치에 어둡고 허풍이 심한, 생각보다 늘 행동이 앞서는 아버지다. 이들은 낙천적이라는 공통점을 가진다.

작곡가 조지 거슈윈의 아버지 모리스 거슈윈은 사업 망하기가 주특기였다. 그의 유치찬란한 행동을 가리켜 '거슈위니즘'이라 할 정도였다. 모리스 거슈윈은 식당, 터키식 목욕탕, 출판업, 제과업, 담배 가게, 당구장 등 손대지 않은 사업이 없을 정도였다. 사업체와 가까운 곳으로 이사만 스물여덟 번이나 다녔지만 아들은 작곡가로 성공했다.

앤드류 카네기의 아버지는 사업에 실패한 몽상주의자이면서 이상주의자였다. 어머니는 물질을 중요시했는데 아들이 성공한 후에도 호텔을 전전하는 걸 좋아했다.

세계 최고의 부자였던 록펠러는 장사꾼으로 늘 떠돌아다니며 행상을 한 아버지로부터 인생 공부를 했다. 아버지는 늘 "세상에 공짜란 없다."고 강조했기 때문에 어린 시절에 장래 계획을 세우고 실천해 부자가 되었다. 부자가 된 후에도 검소한 생활을 하면서 반드시 헌금이나 기부를 했다.

미국의 대표적인 문학가 프랜시스 스콧 피츠제럴드는 식료품 도매상 영업사원의 아들로 생계유지가 힘들 정도로 무능력한 아버지를 두었다. 그런 이유로 그는 부잣집 아이들을 토론으로 제압하는 짓궂은 습관이 있었다. 피츠제럴드는 아버지의 실패를 부끄러워하면서 가족의 비천한 처지를 감추려고 했다. 세기의 명작 『위대한 게츠비』는 이러한 배경에서 탄생할 수 있었던 것이다.

한 아버지는 엄청난 성공을 거둔 예술가 또는 CEO, 아니면 운동선수를 자녀로 두었다. 그러나 그는 자녀와 그리 친하지 않고 낯선 이방인 같은 아버지이다. 다른 한 아버지는 배관공이나 버스 운전사 같은 평범한 사람으로 역사에 길이 남을 만한 업적을 세우지는 않았지만, 자식들을 위해서라면 힘든 일을 마다하지 않고 언제나 가족이 모이는 자리에 함께하여 자녀로부터 열렬한 사랑과 존경을 받는다. 과연 어떤 아버지가 바람직하다고 생각하는가?

이는 필립 맥그로가 쓴 『위대한 가족을 만드는 7가지 원칙』에 나오는 말이다. 아마도 요즘 아버지들은 전자에 더 많이 속할 것이다. 평일에는 직장일이 바빠서 아이들과 놀지 못하고 휴일에는 골프나 낚시를 하러 가느라 가족과 함께하는 시간이 없을 것이다. 후자에 속하는 아버지는 늘 자녀를 우선으로 생각해 개인적인 욕구와 신체적인 피로함을 일단 묻어두었을 것이 분명하다. 결국 문제는 우선순위가 어디에 있는가이다.

바람직한 아버지상

요즘 직장이나 사업 일로 바쁜 아버지들이 아이와 함께 보내는 시간이 없다고 하소연한다. 이는 우선순위를 어디에 두느냐에 달려 있다. 일이 우선순위가 되면 아이와 시간 보내는 것은 자연히 뒤로 밀리게 된다. 자녀와 좋은 관계를 유지하려면 무슨 일이 있더라도 일주일에 하루 정도는 아이와 함께 시간 보내는 것을 우선순위에 둬라.

몇 년 전 책을 읽다 이런 구절이 눈에 들어왔다. 나 자신에게 하는 말 같아 뜨끔한 생각이 들었다. 그 무렵 나는 책을 쓰고 강의를 한다는 핑계로 주말에도 일을 하는 날이 많아졌다. 신문기자로 있을 때에는 토요일 정도는 쉬었는데 그것도 힘들어진 것이다.

그 당시 우리 가족은 일산에서 살았는데 아이에게 가장 가고 싶은 곳이 어디냐고 물었을 때 서울에 가고 싶다고 했던 말이 떠올랐다. "서울 구경이라니. 우리 아들 일산 촌놈 다 됐네."라고 아이에게 말했지만 마음 한

구석이 그만 허전해졌다.

내가 어렸을 적에는 시골에 살았기 때문에 친척이나 누나가 살던 부산이나 진주에 가 보는 게 소원이었다. 방학이면 도시 구경을 한다는 생각에 설레던 기억이 떠올랐다.

그래서 모처럼 '서울 나들이'를 했다. 아이와 함께 좌석 버스를 타고 서울 구경을 나가서 가장 먼저 들른 곳은 광화문 교보문고였다. 그날만큼은 아이가 원하는 것을 다 사 주고 싶었다.

아들이 관심을 두는 게 무엇인지 금세 드러났다. 바로 '퍼즐'이었다. 두 눈을 반짝거리며 퍼즐을 구경하는 아들에게 큐브 퍼즐을 두 개 사 주었다. 퍼즐 수학 책도 사고 영어 책도 두 권 더 골랐다. 새 이어폰과 지갑도 구입했다.

이어 서울 역사박물관에서 전시회를 구경했다. 신이 난 아들이 나와 손깍지를 끼니 부자유친이라는 것이 이런 게 아닐까 하는 생각이 들었다.

언젠가 TV에서 쓸쓸하게 한 요양원에서 말년을 보내는 전직 의사 이야기를 방영한 것을 본 적이 있다. 미국 유명 대학 의대 교수였던 그는 늙고 병들었지만 의탁할 자녀가 없다고 한다. 나는 그의 말 중에 이 말을 듣고 가슴이 뭉클해지고 말았다.

"친구 중에 자녀를 7명이나 둔 친구가 있는데 다들 결혼해 손자 손녀들과 아주 즐겁게 살고 있다. 이제 와 보니 세상에서 가장 중요한 것은 다름 아닌 가족이다. 많은 자녀와 손자 손녀들과 다복하게 사는 모습만큼 부러운 게 없다."

미국 명문대학교 의과대학 교수로 부족할 것 없이 지냈지만 죽음을 앞두고 보니 가족만큼 소중한 게 없다고 고백한 것이다. 아마도 그는 의사라는 직업 때문에 바쁜 나날을 보내고 가정보다는 일, 가족보다는 환자를 위해 더 시간을 보냈을 것이다. 가족을 우선시한다고 일을 못하는 것도 아니다. 가족을 우선순위에 두고 일에서도 성공하는 능력은 순전히 아버지 자신의 몫이다.

모성애와 부성애의 차이점

쇼펜하우어는 부성애와 모성애의 차이를 말하면서 '모성애의 이중성'에 대해 지적했다. 그는 아버지가 세상을 떠난 후 바람둥이 어머니가 자신을 제대로 돌보지 않아서 평생 불편한 관계를 유지했다. 그의 여성 비하적인 분석은 이런 경험에서 온 것이라는 주장도 있다. 다음은 그의 주장이다.

자식에 대한 원시적인 모성애는 동물과 마찬가지로 인간에 있어서도 순전히 본능적인 것이며, 따라서 자식들을 육체적으로 원조할 필요가 없을 때 모성애는 소멸한다. 그 후로는 원시적인 모성애를 대신하여 습관과 이성에 바탕을 둔 어머니의 사랑이 나타나야 하는데, 특히 어머니가 아버지를 사랑하지 않는 경우에는 종종 그것이 나타나지 않는다. 자식에 대한 아버지의 사랑은 어머니의 사랑과는 종류가 다른 것으로 훨씬 지구적(持久的)이다. 왜냐하면 아버지는 자식 속에 자신의 내적 자아를 재인식하므로 부성애는 그 근원을 형이상학적인 데 두고 있기 때문이다.

물론 모든 남자들이 다 지구적인 부성애의 소유자라고 할 수는 없다. 자녀를 학대하거나 가정을 팽개치는 아버지들도 많다. 프랑스의 대표적인 사상가 장 자크 루소조차 다섯 자녀를 고아원에 보내지 않았던가.

쇼펜하우어에 따르면 모성애는 자녀가 성장하면 소멸한다. 그 이후에 모성애는 아버지가 어머니를 얼마나 사랑하느냐에 따라 차이를 보인다. 아버지가 어머니를 사랑하면 자녀에 대한 사랑도 강하게 발휘되지만 아버지가 바람을 피거나 냉담하게 대하면 남편에 대한 사랑뿐만 아니라 자녀에 대한 사랑도 식어 버린다는 것이다.

반면 아버지의 부성애는 변함없다고 한다. 모성애는 아이에게 젖을 주거나 보호해 주는 본능에 바탕을 둔 것인 반면 부성애의 경우 아버지는 아이를 또 다른 자아로 인식해 지속적으로 사랑을 베푼다는 것이다. 이게 모성애와 부성애의 차이다.

가족을 지키는 끈끈한 부성애

윌 스미스가 주연한 영화 〈행복을 찾아서〉에서도 아버지가 보이는 자식에 대한 사랑은 눈물겹다. 실화를 바탕으로 만들어진 이 영화에서 아내는 무능한 남편과 착한 아들을 두고 떠난다. 경제난에 허덕이던 1980년대, 미국 샌프란시스코 의료기기 세일즈맨 크리스 가드너의 전 재산은 21달러가 전부다. 그는 아들을 데리고 화장실에서 잘 수밖에 없는 노숙자 생활을 하며 온갖 어려움을 겪지만 결국 억만장자가 된다. 아내는 왜 남편에게 한 번 재기할 수 있는 기회를 주지 않고 떠나 버린 것일까.

아서 밀러의 『세일즈맨의 죽음』을 보면 아버지는 죽어서도 가족을 걱정한다. 평생 영업사원으로 일하다가 나이가 들어 해고당한 아버지 윌리가 2만 3,000달러의 보험금을 타기 위해 교통사고로 죽기로 작정한다. 계획은 실행된다. 아버지는 죽고, 남은 가족에게 보험금이 지급된다. 아버지가 져야 하는 가족에 대한 책임과 삶의 무게란 그런 것이다.

우선 아들 희원이가 가장 마음에 걸렸다. 오늘 아침 조금 늦게 출근을 하면서까지 사무실 근처 보험 회사에서 챙겨 온 팸플릿과 상품 설명서, 약관 따위를 샅샅이 훑었다. 아무리 자신이 죽고 난 뒤라 해도 아들이 경제 사정 때문에 아르바이트를 하고 그로 인해 공부에 지장이 생긴다면 그건 정말 눈감아도 못 봐 줄 노릇이었다. 우선 두 개의 보험 중 하나인 사망보상금과 적금을 아들 명의로 하여 교육보험에 들도록 할 생각이었다.

김정현의 소설 『아버지』는 췌장암에 걸려 시한부 인생을 사는 아버지 정수의 이야기다. 가족에 헌신적이었지만 아내뿐만 아니라 자녀에게도 따돌림을 당하는 아버지는 스러져 가는 순간까지도 남편 없이 살아갈 아내와 아빠 없이 지낼 아이들을 걱정한다. 가족들이 걱정할까 봐 자신이 병에 걸렸다는 사실을 가족에게 알리지 않고 자신이 죽은 후 생계를 책임질 아내를 걱정한다.

소설이나 영화에서만 부성애를 찾을 수 있는 것은 아니다. 실제로 아버지는 죽어서도 가족 걱정이다. 그래서 마지막 죽어 가는 순간에도 가족을 위해 마지막 불꽃을 사른다.

전 미국 독자들을 감동시킨 『마지막 강의』의 저자 랜디 포시는 성공적인 삶을 살다가 어느 날 갑자기 췌장암 판정을 받고 시한부 인생을 살게 된다. 그는 갑자기 '인생의 불시착'을 통보받고 마지막 강의에 나선다. 대학에서의 마지막 강의 형식이지만 실은 너무 어려 아버지에 대한 기억이 없는 아이들이 나중에 자라 아버지에 대해 기억할 수 있게 하기 위한 고육책이다.

랜디 포시가 암세포와 마지막까지 싸워 가면서 강의에 나섰던 것 역시 가족을 걱정하는 아버지의 사랑이 마음속 바탕에 깔려 있었기 때문이다. 죽음을 앞둔 아버지는 죽음 이후 자녀들에 대한 걱정과 연민으로 마지막 강의에 나선 것이다.

생의 마지막 순간에 좌절하지 않고 남은 시간을 어떻게 하면 재미있게 지낼지, 아이들에게 어떤 지혜를 남겨 줘야 할지 고민하는 모습은 참다운 부성애를 느끼기에 충분하다. "행복한 삶은 지금 이 순간에 존재한다. 매일매일 감사하며 살라."는 그의 말은 남은 가족뿐 아니라 우리에게도 큰 울림을 준다.

아버지가 어느 날 우리 곁을 떠나면 남겨진 가족들은 또 어떻게든 살아갈 것이지만 아버지에 대한 기억만큼은 살아남은 자들의 가슴에서 결코 떠나지 않을 것이다.

참된 부성애가 주는 선물

아버지는 어머니와 달리 가족에게 무한 책임을 느낀다고 한다. 또한 대니얼 레빈슨의 『남자가 겪는 인생의 사계절』에 따르면 중년에 이른 남자는 사회적으로 스승이나 멘토의 위치에 서게 되고 아울러 아버지의 역할을 새롭게 가다듬을 수 있는 나이라고 강조한다.

중년의 아버지가 자녀에게 할 수 있는 최고의 선물 중 하나는 자녀가 행복해지기를 진정으로 바라고 지원을 아끼지 않는 것이다. 그렇지만 아버지가 자신이 얻지 못한 것을 자식이 이루기를 지나치게 간절히 원하면 폭군으로 돌변할 수 있다. 그래서 결국 자식들과 갈등 관계에 빠지기 쉽다. 지나친 부성애가 오히려 자녀와의 관계를 가로막는 장애물이 된다는 것이다.

호주에서 조기유학을 취재할 당시 이 학교 저 학교를 전전하는 학생을 만난 적이 있다. 그 학생은 그때 또 다시 전학 간 학교에서 내쫓길 위기에 처해 있었다. 그 학교에서 내쫓기면 더 이상 갈 학교도 없다고 했다. 영어 수업을 도저히 따라가지 못할 뿐 아니라 흡연을 하다 적발돼 교칙 위반으로 수없이 걸렸다는 것이다. 호주는 교칙을 엄격하게 적용해 교내에서 담배를 피다가 적발되면 퇴학 등의 조치를 당한다.

"그럼 한국으로 돌아가면 되지 않느냐."는 말에 가이드는 고개를 저었다. "한국으로 돌아가면 아버지가 가만히 놔두지 않을 것."이라면서 무슨 일이 있어도 호주에서 학교를 다녀야 한다고 그 학생의 어머니가 읍소를 하더라는 것이다. 호주에서 공부를 제대로 마치지 못하고 귀국하면 다리를 부러뜨리겠다는 아버지의 협박에 못 이겨 그 학생은 이러지도 저러지도 못 하고 있었다.

그 학생은 이미 더 이상 손을 쓸 수 없을 정도로 유학생활이 망가져 있는 상황이었다. 그런데도 그 아버지는 조기유학 실패를 받아들일 수 없다며 아들의 귀국을 가로막고 있었다. 이는 아버지의 이기심이 자녀를 수렁 속으로 빠지게 하는 대표적인 사례이다. 아버지의 빗나간 열정이 자녀의 앞날을 망치고 있는 것이나 다름없다.

중년의 아버지는 자녀를 있는 그대로 받아들여야지 아버지의 욕망을 대리 충족하는 존재로 인식해서는 안 된다. 자녀를 뒤에서 묵묵히 지원하며 자녀가 꿈을 이룰 수 있도록 하는 것이 진정한 부성애이다.

아버지는 똑똑하고 학식이 높다고 자녀에게 존경받는 것은 아니다. 스페인 작가 곤살로 모우레가 쓴 『아버지의 그림 편지』에 나오는 마이토의 아버지 이야기를 살펴보자.

집시 소년 마이토는 가난한 판자촌에서 가족과 함께 살고 있었다. 어느 날 아버지는 몸에 상처를 입고 집에 돌아왔다. 다음 날 아침 집에 경찰들이 들이닥치더니 아버지를 잡아가 버렸다. 마이토는 눈물을 흘렸다. 화가 나고 이해할 수 없었다. 하지만 아버지는 아무 말 없이 가만히 있었다. 아버지는 떠나면서 거의 아무 표정 없이 작별 인사를 했다. 잠깐 멈추어 서서 마이토의 머리를 쓰다듬어 주기만 했다.

"울지 마, 마이토. 나는 괜찮다."

어머니는 마이토를 달랬다.

"아버지는 나쁜 짓을 하지 않으셨다."

아버지가 감옥에 간 후 가족들은 살던 집에서 쫓겨났고 마이토와 어머니, 그리고 7형제는 뿔뿔이 흩어져 살게 되었다.

마이토는 감옥에 있는 아버지에게 편지를 썼다. 하지만 아버지의 답장에는 그림만 있을 뿐 아무런 글자도 쓰여 있지 않았다. 그림 속에는 턱수염이 난 긴 곱슬머리의 남자가 웃고 있었다. 의심할 여지없이 그건 아버지였다. 그림 속에서 아버지는 화분에 둘러싸여 있었다. 10개에서 20개 정도 되는 화분에는 커다란 나무들이 심어져 있었고 나무에는 꽃이 만발해 있었다.

아버지와 화분 위로는 커다란 태양이 빛나고 있었고 하늘에는 새 한 마리가 날고 있었다. 마이토는 아버지의 엉성하고 단순한 그림 속에서 많은 이야기를 떠올릴 수 있었다. 아버지는 글도 쓸 줄 모르고 마이토 곁에 있어 줄 수도 없고 아무것도 해 줄 수 없지만 마이토의 가슴속에 희망을 이야기하고 있었던 것이다.

교도소로부터 아버지의 답장이 도착하는 속도가 점점 더 빨라졌다. 마이토는 봉투를 열고 그림을 발라 보았다. 그림 속에서 아버지는 다른 사람과 공을 차고 있기도 했고 독방 침대에 걸터앉아 기타를 치고 있기도 했다. 마이토는 그림을 보면서 미소 지었다. 그림은 이제 아들과 아버지 사이에 일종의 비밀스런 암호가 되어 갔다.

마이토는 학교에서 일어난 이야기에 그치지 않고 집과 마을에서 일어나는 일, 이웃들의 모습, 이웃의 강아지, 사촌의 새 텔레비전, 이모의 자동차 등도 그렸다. 마이토는 아버지에게 그림 편지로 수많은 이야기들을 들려주었다.

마이토는 아버지가 보낸 그림 편지를 모두 문서철 속에 보관했다. 그리고 밤마다 편지들을 하나씩 불러내 상상의 나래를 펴곤 했다.

마이토의 이야기는 글이나 말로 표현할 수 있는 것보다 훨씬 무한하고 풍요로운 언어가 우리 내부에 존재한다는 사실을 깨닫게 한다. 그런 대화가 가능했던 것은 마이토가 순수한 믿음과 절대적인 사랑으로 아버지를 바라보았기 때문일 것이다. 아버지는 비록 글자도 몰랐지만 아들에게 더 없는 멘토 역할을 하면서 소통했고 존경을 받았다.

필립 맥그로는 "올바른 본보기만 보여 준다면 아이들을 들볶을 필요가 없다. 모델링 자체가 아이들 내면에 불을 밝혀 주기 때문이다."라고 말했다. 마이토의 아버지 역시 따뜻한 감성과 사랑으로 아들의 마음속에 불을 밝혀 준 것이다.

세상에서 가장 든든한 지원군이 되어라

우리 시대의 영웅들은 상당수가 자신의 야망을 이해하고 격려해 주는 부모님이나 선생님에게 도움을 받았다. 골프 황제 타이거 우즈는 어린 시절부터 아버지가 영웅이었다. 그에게는 아버지가 인생의 멘토였고 가이드였고 매니저였고 코치였고 스승이었다.

우즈의 아버지 얼은 그의 저서 『타이거 우즈』에서 자녀가 성공하기를 바란다면 먼저 자녀에게 존경받는 아버지가 되라고 강조한다.

부모와 자녀의 관계는 일방적으로 만들어지는 것이 아니라 상호 존경의 주춧돌 위에 세워지는 집과 같다. 튼튼한 집을 짓기 위해 부모가 제일 먼저 알아야 할 일은 사랑은 주는 것이지만 존경은 받는 것이라는 사실이다. 부모는 자녀가 갓난아이 때부터 그 같은 존경심을 얻도록 노력해야 한다. 강보에 싸인 아기에게 '내가 너를 챙겨 주노라. 네가 기댈 커다란 느릅나무처럼 내가 여기 너를 받쳐 주고 있노라.'고 끊임없이 신호를 보내 주어야 한다.

그는 부모가 도움을 주더라도 필요할 때만 주어야 하며, 어린 자녀와 함께 웃고 울기도 해야 한다고 말한다. 타이거 우즈는 "나의 골프 인생은 부모님의 지원과 가르침이 없었다면 불가능했을 것."이라고 말한다.

케네디 대통령의 아버지 조지프 역시 아이들에게 어려운 일이 있을 때마다 늘 아이들 곁에 있어 주었다. 그래서 '아이들의 적은 아버지의 적'이었고, '아버지의 적은 아이들의 적'이었다. 가족들이 똘똘 뭉쳐 위기에 대응했던 것이다. 아이들은 더 열심히 아버지의 원칙을 따라 최고, 일등이 되기 위해 노력했다. 늘 든든한 지원군인 아버지가 있었기에 가능한 일이었을 것이다.

아버지의 열정이 아이의 꿈을 키운다

얼 우즈와 조지프 케네디가 자녀를 위대하게 키운 요소 중 하나는 바로 열정이다. 열정으로 자녀를 이끄는 동시에 자녀의 인생 목표를 공유하면 최고의 성과를 낼 수 있다. 뚜렷한 목표와 그 목표를 이루려는 열정은 자신이 원하는 것을 위해 어떤 노력을 기울여야 하는지 스스로 찾게 하며, 목표를 이루는 과정에서 겪어야 하는 온갖 어려움을 이겨 내는 강인함을 키워 준다.

아이를 훌륭한 인물로 키우려면 먼저 아이가 되고 싶어 하는 영웅, 즉 역할 모델을 만들어 주어야 한다. 타이거 우즈의 경우 아버지는 아들이 자연스럽게 역할 모델에 접촉하게 이끌었다. 아버지는 골프 연습장에서 아들을 옆에 세워 놓고 다른 사람과 잭 니클라우스에 대해 큰 소리로 이야기를 주고받았다. 이는 의도적이었다. 우즈는 어릴 때 잭 니클라우스의 이름을 듣고 그가 유명 선수라는 것을 알았다.

잭 니클라우스도 아버지의 골프 가방을 메고 자라면서 자연스럽게 역할 모델을 정하면서 골프 선수가 된 인물이다. 니클라우스의 역할 모델은 1930년대 전설적인 골프 선수 바비 존스였다.

니클라우스의 아버지는 '골프의 신'으로 불린 바비 존스의 열렬한 팬이었다. 아버지 덕분에 이미 내 뇌리에는 존스라는 선수의 존재가 각인돼 있었고 그게 골프와의 인연으로 이어진 것이다.

여기서 부모님과 선생님이 배울 수 있는 교훈은 아이들로 하여금 그들 각자의 관심사를 추구하도록 격려하고 지원해 주어야 한다. 하지만 이것만으로는 위대한 인물을 탄생시킬 수 없다. 바로 절실함이 있어야 한다.

제인 피어토는 이를 '내 몸속의 가시'라고 했다. 즉 아무리 창의적인 인물이라도 업적을 세우기 위해서는 재능과 격려 이상의 뭔가가 필요하다. 취미나 피상적인 관심에 그쳤던 것을 절실하고도 열정적인 소명으로 받아들이기 위해서는 반드시 어떤 동기가 필요하다. '내 몸속의 가시'가 있어야 자신의 꿈과 목표에 몰입하고 성취해 낼 수 있다.

아이들이 공부하는 것도 이와 다르지 않다. 공부하기 싫은 아이에게 억지로 공부하라고 해 봤자 성적은 오르지 않는다. 부모에게는 자녀가 공부하고 싶어 마음이 근질근질할 때까지 기다리는 인내가 필요하다.

내게는 대구에 사는 장조카가 있는데 고2 때까지 공부는 별로 하지 않고 놀았다. 음악을 하겠다면서 음악 학원에 다니겠다고 해 부모의 마음을 무던히도 썩었다. 보다 못 해 겨울방학 때 서울로 불러올려 학원에 보냈다. 또래 아이들이 공부하는 모습을 보고 자극을 받게 하기 위해서였다.

한 달 넘게 서울에서 학원에 다니자 서서히 자세가 잡히더니 성적이 쑥쑥 올라가기 시작했다. 한 해 전까지만 해도 상상할 수 없을 정도로 '범생이'가 되었다. 한 해만 더 일찍 마음만 다잡았다면 서울대학교에 들어가고도 남았겠다는 아쉬움이 들 정도였다. 무엇보다 공부를 왜 해야 하는지 '동기'를 발견한 것이 성공 요인이었다.

서울대학교 문용린 교수는『부모가 아이에게 물려주어야 할 최고의 유산』에서 다음과 같이 말했다.

아이가 왜 공부를 못한다고 생각하는가. 머리가 나빠서, 습관이 안 들어서, 노는 것만 좋아해서 등 많은 이유를 대겠지만 그것은 어디까지나 부모 생각이다. 아이가 공부를 못하는 이유는 단 하나, 공부를 해야 할 동기를 찾지 못해서다. 꿈을 이루겠다는 목적이 분명한 아이는 시키지 않아도 제 스스로 공부한다.

인도에서 조기유학생을 취재할 당시 인도는 한국 조기유학생로 넘쳐나고 있어 어느 학교를 가더라도 한국 학생이 50명 정도는 다니고 있었다.

박 군은 인도의 남부지역에 있는 한 국제학교에 다니다 뉴델리 인근의 패스웨이 국제학교(Pathways World School)로 전학을 왔다. 그 국제학교는 교칙이 매우 엄격한 것이 특징이었다. 박 군이 국제학교에 가게 된 것은 중학교 3학년 때 부모님의 친구를 통해서다. 조기유학은 대부분 유학원이나 주위 사람의 소개로 가게 되는데 문제는 학교 정보에 대해 잘 모르고 가는 경우가 많다는 데 있다. 박 군도 그러한 케이스에 속했다.

박 군은 국제학교에서 2년 6개월을 공부했는데 그곳 생활이 너무 힘들었다고 한다. 그야말로 스파르타식 교육이었기 때문이었다. 마치 우리나라 1970년대와 같은 분위기였다. 머리도 삭발을 해야 했으며 기숙사에서는 80명이 한 방에서 공동생활을 해야 했다. 그렇다고 힘든 생활을 하소연할 수 있는 곳이 있는 것도 아니었다. 인터넷 사용도 물론 금지돼 있다. 유일하게 할 수 있는 것은 부모님께 편지를 쓰는 것뿐이었다.

그런데 엄격한 스파르타식 학교에서 2년 반을 지내자 어느새 자신이 달라져 있었다고 한다. 힘든 만큼 자신도 모르게 부쩍 성장해 있더라는 것이다. 힘들 때마다 그때의 상황을 떠올리니 쉽게 포기하지 않게 되고 도전 욕구가 일었다. 결과는 자신도 놀랄 만큼 긍정적으로 되돌아왔다. 공부든 운동이든 자신감이 생겼다. 박 군은 부모님께 감사하는 마음이 생겼다고 말했다.

박 군의 이야기를 들어 보면 공부는 편안한 분위기보다 오히려 어려운 과정을 이겨 내면서 해야 성취할 확률이 높다는 것을 알 수 있다. 우리 주변에서도 어렵고 힘든 가정에서 자라는 아이들이 오히려 스스로 공부해 부모의 마음을 훈훈하게 하는 경우를 볼 수 있다.

"공부는 철이 들면 자연스럽게 잘하게 되는 것 같습니다."

박 군의 어른스러운 말이 아들을 키우는 나에게 아직까지도 인상 깊게 남아 있다.

아이의 롤 모델이 되어라

오바마의 어머니는 아들에게 친아버지의 이야기를 자주 하기 시작했다. 친아버지의 풍부한 지식과 부지런함, 열심히 일하려는 의지를 칭찬했다. 어머니는 오바마가 친아버지를 자랑스러워하고, 친아버지처럼 살기를 바랐다. 가난한 나라에서 태어나 궁핍하지만, 그럼에도 불구하고 정직함을 잃지 않고, 쉬운 길을 선택하지 않으며, 모든 방법을 동원해서 정면으로 맞서 싸운 친아버지의 모습을 본받기를 원했다.

헤더 레어 와그너의 『오바마 이야기(Barack Obama)』 중 일부다. 미국 대통령 버락 오바마의 어머니 앤 여사는 10대였던 오바마에게 친아버지의 이야기를 자주 들려주면서 정신적 지주로 삼을 수 있도록 했다. 어머니는 전 남편이 품은 꿈이 개인의 출세보다 조국 케냐의 발전을 위한 것임을 잘 알고 있었기 때문이다. 사실 어머니는 아버지가 가족보다 하버드 대학교를 택했을 때도 그 선택을 이해해 준 사람이었다. 물론 그 이후 하와이로 돌아오지 않고 조국 케냐로 돌아가는 바람에 이혼을 했지만 여전히 사랑을 하고 존경하고 있었던 것이다.

어머니의 아버지에 대한 존경과 사랑은 흑인 전체로까지 발전했다. 그래서 오바마에게 흑인으로서 열등감을 가지기보다 흑인의 장점과 우수성을 가르쳤고, 흑인이라는 사실은 강인한 자만이 짊어질 수 있는 영광의 짐이자 위대한 유산이며 특혜라고 가르쳤다.

오바마는 조국인 케냐 여행을 통해 가족까지 버린 아버지를 이해하면서 그를 영웅으로 삼았다. 점차 오바마는 아버지를 자신의 롤 모델로 여기게 되었으며 그와 비슷한 길을 가려고 했다. 어머니는 한 번도 아버지에 대한 험담을 하지 않았다. 오바마는 아버지가 자신과 어머니를 버렸다는 생각을 하지 않았다. 도리어 어머니를 통해 아버지의 조국에 대한 헌신과 열정에서 위대한 아버지의 모습을 읽고 존경할 수 있었던 것이다. 오바마는 아버지를 통해 자신의 정체성과 자존감을 되찾을 수 있었고 또한 그가 조국을 위해 할 일을 깨달을 수 있었던 것이다.

어머니뿐만 아니라 외할아버지도 "너는 네 아버지의 자신감을 배워야 해. 자신감은 남자의 성공을 위한 비밀의 열쇠거든."이라며 아버지에 대한 이야기를 들려주었다.

오바마는 외할아버지와 외할머니, 어머니가 들려주는 짧은 이야기를 재구성해 가면서 아버지를 자신이 원하는 가장 이상적인 모습으로 그렸다. 그러면서 소외감과 이방인이라는 느낌을 견뎌 낼 수 있었고 조금씩 자신감을 가지고 생활할 수 있었다. 어느새 오바마에게 아버지는 신화적인 존재 그 자체였다. 오바마에게는 한 번도 만난 적 없는 아버지가 존재하고 있다는 사실만으로도 큰 힘이 되어 주고 있었던 것이다.

오바마는 열 살 때 하와이에서 아버지를 처음 만났다. 한 달 동안의 짧은 만남이었지만 이때 두 가지 추억을 간직하게 된다. 하나는 아버지가 일일교사가 된 일이다. 푸나후 학교에서 아버지가 교단에 서던 날 아버지는 친구들로부터 큰 박수와 존경을 받았다. 그것은 오바마에게 뜻밖의 사건이었다.

아버지는 아프리카에 대한 이야기, 자유를 위해 싸웠던 조국 케냐의 역사에 대해 이야기했다. 케냐 사람들을 부당하게 억압했던 영국인들과 자유를 향한 꿈을 잃지 않고 끈기와 희생으로 시련을 이겨 내 마침내 영국으로부터 독립을 쟁취한 케냐 사람들에 대한 이야기를 들려주었다. 아버지가 강의를 끝내자 친구들은 박수를 치며 환호했다. "너희 아빠 정말 끝내준다!"며 부러워하는 친구도 있었다. 아프리카에는 식인종만 산다고 믿었던 아이였다.

두 번째 추억은 아버지가 조국 케냐의 소리라며 레코드판 두 장을 선물해 준 일이었다.

"이거 너 주려고 가져왔는데 깜빡했어. 네 조국 케냐의 소리들이다."

그날 오바마는 음악을 들으며 아버지와 함께 춤을 췄다. 그 후 아버지와 재즈 연주회도 가고 함께 책을 읽기도 했다. 그리고 아버지가 떠나는 날 농구공을 선물로 받았다. 오바마가 농구 선수 수준의 농구 실력을 가질 수 있었던 까닭은 이때부터 아버지가 그리울 때마다 농구 코트에서 땀을 흘린 덕분이었다.

오바마의 아버지는 조국 케냐로 돌아가 불행하게 삶을 마감했지만 오바마에게는 결코 실패한 아버지가 아니었다. 조국 케냐를 사랑한 아버지의 모습을 통해 오바마는 더 큰 사랑의 존재를 알 수 있었고 강한 자신감을 얻을 수 있었던 것이다. 이것은 이후 그가 흑인으로서 미국 대통령의 꿈을 키울 수 있었던 에너지로 작용하게 된다. 그가 대통령이 된 것은 아버지와의 추억이 있었기에 가능했다고 해도 과언이 아닐 것이다.

이제
아버지가
나선다

다른 사람과 관계를 맺기 위한
가장 기본적이며 강력한 방법이 듣는 것이다.
그냥 듣기만 해라.
어쩌면 서로에게 줄 수 있는 가장 중요한 것이 관심일 수 있다.
애정을 가진 침묵이 가장 좋은 의도를 가지고 하는 말보다
훨씬 더 많은 치유와 애정을 보일 수 있는 힘을 가지고 있다.

나오미 레멘

멘토라는 말의 기원은 지금으로부터 무려 2,800년 전에 호머가 쓴 『오디세이』에 처음 등장한다. 트로이 전쟁에 투입되어야 하는 긴급한 상황 속에서도 오디세우스는 어린 아들 텔레마쿠스를 걱정했다. 그리고 친구 멘토르(Mentor)에게 아들을 잘 보살펴 달라고 부탁했다.

전쟁에 나가면 언제 돌아올지 알 수 없으니 그 사이 훌쩍 자랄 아이를 위해 교육을 맡겼던 것이다. 이후 멘토는 훌륭한 조력자, 스승을 뜻하는 말이 되었다.

멘토로서 아버지의 역할

마이클 마쿼트의 『멘토: 지식 경영의 새로운 리더(The manager as mentor)』에 따르면, 멘토란 타인이 스스로 잠재성을 개발할 수 있도록 돕는 사람으로 보통은 더 어린 사람이 중요한 과도기를 헤쳐 나갈 수 있도록 일대일로 돕는 사람을 뜻한다. 긍정적인 역할 모델, 조언자, 경험 많은 친구가 멘토의 역할을 하는 것이다. 또 멘토링이란 일차적으로 경험이 많은 사람이 그렇지 못한 사람에게 지도, 조언, 도움, 피드백 등을 제공하는 것이라고 마쿼트는 설명한다.

멘토로서 아버지는 자녀에게 무엇보다 '기초를 중요하게 생각하는 마음'을 가르쳐야 한다.

기초, 기초, 기초. 대학교수로 있으면서 많은 학생들이 손해를 보면서도 이 점을 무시하는 것을 보아 왔다. 당신은 반드시 기초부터 제대로 익혀야 한다. 그렇지 않으면 그 어떤 화려한 것도 해낼 수 없다.

랜디 포시는 카네기멜론대학교에서의 마지막 강의를 통해 어린 시절 꿈을 이루기 위해 애썼던 자신의 이야기를 학생들에게 들려준다. 아직 열 살도 되지 않은 자신의 세 아이가 후에 자라 유언과도 같은 아빠의 마지막 강의를 들었으면 하는 희망과 함께. 그 희망은 더 이상 아이들의 미래와 함께하지 못하는 아빠의 마지막 멘토링이라고 할 수 있다.

멘토링의 방법—편지

　자녀교육의 시작은 부모와 자녀 간의 소통이다. 그리고 소통할 수 있는 방법 중 하나가 편지다. 인도의 네루 총리는 반영(反英) 독립 투쟁을 하다가 1945년까지 여덟 차례나 체포되어 9년간 감옥 생활을 했다. 네루는 감옥에서 딸에게 편지로 역사에 대한 이야기를 들려주었다. 그 이야기를 묶은 책이 그 유명한 『세계사 편력』이다. 그 딸은 정치인으로 성장하며 1966년 총리가 되었는데 바로 인디라 간디이다. 아버지가 쓴 한 장의 작은 편지에서 위대한 인물 탄생이 시작됐다고 해도 과언이 아니다.

　편지는 얼굴을 보고 이야기할 때보다 감정을 순화시켜 전달할 수 있기 때문에 교육적인 효과가 훨씬 크다. 아무래도 화가 날 때 얼굴을 보고 말하면 감정이 그대로 전달될 수 있기 때문이다. 편지는 자신의 살아온 이야기나 세상에 대한 아버지의 의견을 자녀에게 설득력 있게 전달할 수 있는 가장 좋은 수단이다. 하루에 얼굴을 마주할 시간이 몇 분 되지 않는 게 문제라면 틈틈이 자녀에게 해 주고 싶은 이야기를 편지로 썼다고 건네줘 보자. 아버지의 따뜻한 편지 한 통으로 아이의 안목은 점점 더 커질 것이다.

　퇴계는 생전에 아들 준에게는 613통, 손자 안도에게는 125통의 편지를 썼다. 다 합치니 아들과 손자, 후손에게 쓴 편지가 무려 1,300여 통이나 되었다. 이는 세계사적으로도 유례를 찾아볼 수 없는 기록이다.

　퇴계는 열일곱 살이 된 맏아들에게 뜻이 돈독한 친구와 함께 절에 가서 굳은 결심으로 맹렬히 공부하라고 권하기도 했다. 성인으로 추앙받는 퇴계도 자녀교육에 있어서는 요즘 부모처럼 극성스러웠던 것이다.

멘토링의 방법 - 부모의 습관

한 집안의 가보는 부모의 좋은 습관에서 시작된다. 러시아의 대문호 톨스토이는 열아홉 살부터 시작해 평생 실천한 습관이 있었는데, 그것은 다름 아닌 '일기 쓰기'였다. 톨스토이는 600년 명문가의 후손이었지만 어릴 때 부모님을 모두 잃어 고아나 다름없이 자랐다. 대학을 중퇴했던 그를 대문호로 키운 것은 일기 쓰기였던 것이다.

톨스토이에게 일기 쓰기는 창작의 산실이 되어 주었는데, 가족들도 이를 본받아 모두가 일기를 썼다. 아내와 9명의 아들, 딸 들 심지어 사위까지도 톨스토이를 주인공으로 한 일기를 썼다고 한다. 톨스토이 사후에 10여 권에 이르는 회고록이 출간되었던 것도 모두 이러한 배경 때문이다.

멘토링의 방법 - 경청

요즘 우리 사회에서도 아빠들이 자녀교육에 나서는 경우가 많아지고 있다. 그러나 열성만 앞서고 방법을 몰라 실패하는 경우도 많다. 이는 모두 권위적이고 가부장적인 남성성을 버리지 못했기 때문이다.

아버지가 자녀에게 일방적으로 멘토링을 쏟아붓는 데 그쳐서는 안 된다. 그래서 전문가들은 듣는 능력, 즉 경청이 멘토링의 핵심이라고 강조한다. 사실 우리가 듣는 능력이 중요하다는 사실을 알면서도 실천하지 못하는 이유는, 거기에는 인내심과 상대에 대한 애정이 부족하기 때문이다. 비단 자녀뿐만 아니라 누구든 상대가 내 말을 듣고 있다는 확신이 생겨야 마음을 털어놓을 수 있다.

자녀의 이야기에 진심으로 귀 기울이고 있다는 신뢰를 주어야 아버지 멘토링이 시작될 수 있다. 더불어 경청하는 태도는 아이가 어떤 상황에 있는지, 고민은 무엇인지, 지금 무엇을 원하고 있는지도 알 수 있게 해 준다. 자녀가 아버지에 대해 지니는 무한한 신뢰와 열린 마음은 아버지 멘토링의 성공과도 직결된다.

왜 아버지 멘토링이 필요한가

나는 고등학교에 진학할 당시를 떠올리면 아직도 아찔한 기분에 사로잡히곤 한다. 1970년대 후반에는 공업고등학교가 최고의 엘리트들이 가는 학교였다. 전교 5퍼센트 이내에 드는 이른바 영재들은 장학금을 받는 국립공업고등학교에 특차 지원을 했다. 요즘으로 보면 과학고등학교나 외국어고등학교, 민족사관고등학교 등에 해당할 것이다. 나 또한 담임교사의 권유로 당시 명문학교로 부상한 공업고등학교에 지원을 했다. 그런데 실기 시험에서 허둥지둥하다가 깔끔하게 마무리를 하지 못한 탓인지 떨어지고 말았다. 하늘이 무너지는 것 같았다.

30년이 흐른 지금 돌이켜 보면 그때 불합격한 것이 천만다행이 아닐 수 없다. 공업고등학교에 진학했다면 대학 진학에 어려움을 겪을 수밖에 없기 때문이다. 나의 큰형 그리고 당시에 합격한 친구들은 천신만고 끝에 대학교에 진학했다. 내가 그때 공고에 합격했다면 산업 현장에 취직했거나 대학에 진학하기 위해 고생을 하지 않으면 안 되었을 것이다.

당시 공업고등학교는 정부가 정책적으로 육성하는 학교였기에 교사들이나 학부모들은 졸업 후 진로 역시 걱정을 하지 않았다. 나의 아버지 또한 당시의 시대 분위기로 볼 때 공업고등학교 진학이 자식의 앞날에 장애가 되리라고 예상하지 못했다. 당시 공업고등학교에 진학한 엘리트들은 대한민국의 산업화 정책의 희생자일지도 모른다. 지금도 별로 다를 것 없는 시대적인 분위기에서 아버지가 장기적으로 자녀의 진로를 멘토링하기란 결코 쉽지 않다.

아버지라면 자신의 미래뿐만 아니라 자녀의 미래 진로와 인생의 목표에 대해서도 시대적인 분위기에 휩쓸리지 않고 장기적인 안목으로 멘토링을 할 줄 알아야 한다. 요즘은 인터넷의 발달로 안방에서도 최신 정보와 분석 자료를 금세 접할 수 있다. 누구나 관심을 가진다면 어느 정도 트렌드를 예측하는 일도 가능하다. 자녀와 함께 진로를 설계하고 때로는 전문가를 찾아 조언을 구할 수도 있다.

나의 경우 아이가 수학과 과학에 재능을 보이고 있다. 아이는 과학 실험을 하면서 개구리 등을 해부하는 데 매료되어 있고 의학 드라마를 보고 나서는 외과 의사가 되겠다고 한다. 나는 아이에게 과학자도 더 보람 있는 직업이 될 수 있고 특히 미래에는 '로봇 과학자'가 유망할 것 같다고 말하곤 한다. 아이가 어릴 때부터 돈에 유난히 관심이 많아 로봇과 비즈니스를 접목하는 것도 괜찮다는 생각에서다.

윌리엄 셰익스피어는 "참으로 자녀를 아는 아버지는 그야말로 현명한 사람이다."라고 했다. 아버지는 마땅히 자녀를 잘 알아야 한다. 그것은 자녀와의 끊임없는 대화를 통해서 가능하며 이러한 과정에서 아버지는 자녀의 멘토로 제 역할을 다할 수 있을 것이다.

M E N T O

아버지 멘토링을 위한 10계명

❶ 아버지가 자녀의 멘토로 적극 나서라.

❷ 기초 중시를 우선적으로 강조해라.

❸ 스포츠를 통해 인내심과 노력의 가치를 배우게 해라.

❹ 아이를 손님 대접하듯이 정성껏 대해라.

❺ 세상 이야기를 자주 들려주며 안목을 키워 주어라.

❻ 편지를 적극 활용해라.

❼ '한 단계 높은 친구'를 사귀도록 이끌고 소통을 중시해라.

❽ 죄의식과 불안을 덜어주고 따뜻한 관심과 사랑, 신뢰로 감싸안으라.

❾ 성적 등 단기적인 목표보다 장기적인 계획을 갖도록 이끌라.

❿ 무슨 일이든 먼저 자녀의 편이 되어라.

쉬운 일보다 어려운 일을 먼저 시켜라

아들이 여름방학을 맞았을 때 5박 6일 일정으로 지리산 둘레길을 여행한 적이 있다. 다음은 당시 신문사에 기고했던 칼럼이다.

지난 한 주간은 정말 뜻 깊은 시간이었다. 초등학교 6학년인 아들과 함께 5박 6일 동안 지리산 둘레길을 걸어서 여행했다. 고향인 합천에서 시작해 황매산을 넘어 산청을 거쳐 청학동, 회남재, 악양, 구례까지 걸었다. 이어 함양으로 이동해 지리산 숲길(매동~금계마을)을 걸었다. 대략 100킬로미터 정도 걸은 셈이다. 어떤 날은 뙤약볕이 내리쬐는가 하면 비가 내리기도 했고 흐린 날도 있었다. 지리산 굽이굽이 재를 넘기도 했다. 하동 악양 평사리의 토지문학관과 구례 운조루를 탐방하기도 했다.

나는 도보 여행은 난생 처음이었다. 아들은 흥사단에서 하는 국토 순례를 두 번이나 다녀왔다. 도보 여행에서는 아빠보다 '고참'인 셈이다. 그래서인지 정작 아들보다 내가 힘에 겨웠다. 오히려 아들 눈치를 봐야 했다. 아무리 힘들어도 힘들다는 소리를 낼 수 없었다. "힘들지 않니?" 하면 아들은 오히려 배시시 웃기만 했다. 아이는 한 번도 "아빠, 힘들어 죽겠어요. 좀 쉬었다 가요!"라고 먼저 말하지 않았다.

한번은 아들 녀석이 "아빠가 가장 많이 한 말이 뭔지 아세요. 바로 '지금 몇 시냐?'라는 말이에요."라고 흉을 보기도 했다. 첫날은 아빠의 완패였다. 산청 차황에서 산청읍으로 가는 재를 넘다 너무 지쳐 마을 입구에 마련된 돗자리에 쓰러져 자고 말았다. 한 30분 지났나 싶었는데 무려 1시간 20분이나 잤다고 한다. 아이는 그사이 혼자 놀고 있었다. 아무리 깨워도 내가 일어나지 않았다고 한다.

(중략)

이번 여행에서 얻은 게 있다면 다름 아닌 '아들의 재발견'이라고 할까. '아들은 아빠에게 약한 모습을 보여 주지 않으려고 한다.'는 말을 하는데, 정말 그랬다. 아들 녀석은 나에게 결코 "힘들어요."라는 말을 하지 않았다. 얄미울 정도였다.

또 하나 얻은 것은 아들의 웃음이다. 아들은 여행을 다녀온 후에 뭐가 좋은지 연신 웃는다. 물론 도보 순례를 하면 소원을 한 가지 들어 주겠다고 약속했는데, 닌텐도를 사 달라고 했다. 그것을 손에 넣어서인지 하루 종일 싱글벙글거린다. 공부도 좋지만 아이의 얼굴에 웃음이 되살아난 게 무엇보다 반갑다.

(중략)

이번 도보 여행에서 비록 아들에게 완패하긴 했지만 자신감을 얻을 수 있었다. 속된 말로 이제는 몇 킬로미터 정도는 우습게 여겨진다.

아버지와 아들은 참 마음을 터놓기 힘든 관계다. '부자유친'이라는 말이 있는 것도 그만큼 친밀해지기 힘들기 때문이 아닐까. 프랑스의 사회학자 르 드블레는 모자 관계를 '신비스런 관계'라고 말했다. 누구나 어머니의 몸에서 태어나 그 보살핌을 받으며 자라기 때문에 본능적으로 친밀하지만 부자 관계는 그렇지 않다는 것이다. 그래서 여행은 때때로 아버지와 자녀들만이 떠나는 게 효과적이라고 한다.

여름이 다 가기 전에 '부자유친의 여행'을 떠나 보는 게 어떨까. 어느 순간 서먹서먹하던 아들이 손을 내밀게 될 것이고 아이를 재발견하는 시간이 될 것이라 확신한다.

"이번 도보 여행을 함께해 줘서 정말 고마워!"

길을 걸으며 힘들 때마다 나는 아들에게 이렇게 말했다. 이번 지리산 둘레길 도보 여행은 나를 찾고 부자유친의 정을 다지는 정말 뜻 깊은 여행이었다.

이렇게 도보 여행을 다녀온 후로 여행이나 산행처럼 극기심을 키울 수 있는 것도 없다는 생각을 굳혔다. 그해 겨울방학에는 보길도와 해남 땅끝마을, 해남, 다산초당, 강진을 거쳐 광주 망월동 국립묘지 등에 다녀왔다.

요즘 도보로 전국 산하를 누비면서 극기 여행을 하는 이들이 늘고 있다. 초등학생 대상의 도보 순례 여행도 있다. 이러한 여행을 다녀오면 아이들은 인내심과 책임감이 강해질 뿐만 아니라 협동심도 높아진다. 아이들은 여행을 하면서 온몸으로 다양한 체험하기 때문에 자연스럽게 한 단계 성숙한 아이로 변하게 되는 것이다. 무엇보다 경험만큼 소중한 것이 없다.

도보 여행을 하면 걷기 싫고 힘들더라도 참아 내야 하므로 인내심을 키울 수 있다. 한 걸음 한 걸음 발을 옮겨야 목표 지점에 도착하는 도보 여행은 이런 점에서 아이들에게 자신이 노력한 만큼 성취하는 보람도 느끼게 해 준다. 자신이 하기 싫은 일이라도 하루에 해야 할 목표를 정하고 이를 실천하는 훈련을 하는 데 도보 여행만한 게 없는 것 같다.

프리맥 원리

아이들은 장난감 갖고 놀기, 게임, TV 보기 등 자신이 좋아하는 행동을 하기 위해서 자신이 좋아하지 않는 행동(숙제)을 해야만 한다면 이를 기꺼이 한다. 달리 말하면 아이가 좋아하는 행동을 하기 전에 반드시 지켜야 하는 일관된 규칙을 만들어 놓고 그것을 지키게 하면, 아이들은 원하지 않지만 해야 하는 행동을 상당히 일관되고 훌륭하게 해낸다. 이것이 심리학자 데이비드 프리맥이 주창한 '프리맥 원리'다.

어린 시절 습관을 잘 들이지 못하면 평생 좋지 못한 습관에서 벗어나지 못한다. 특히 어릴 때부터 어려운 일을 미루고 쉬운 일을 하다 보면 어느덧 그게 몸에 배어 어려운 일을 하려고 들지 않는다. 그래서 전문가들은 어린 시절부터 '즐거운 일은 나중에, 어렵고 힘든 일은 먼저 하라.'고 강조한다.

스캇 펙의 『아직도 가야 할 길』에 나오는 사례를 살펴보자.

어느 회사에 서른한 살이 된 경리 사원이 있었다. 그녀는 해야 할 일을 질질 끌고 미루는 성향이 있었는데 이게 개인 생활뿐만 아니라 직장생활에도 영향을 미쳤다. 집에서는 하기 싫고 골치 아픈 일, 어려운 일을 하지 않았고 직장에서도 마찬가지였다. 그녀는 이러한 문제를 상담받기 위해서 정신과 의사를 찾았다.

의사는 먼저 그녀가 직장 상사에 대해 어떤 감정을 품고 있는지, 그런 감정이 일반적인 권위에 대한 태도와 어떤 관계가 있는지, 특별히 부모에 대한 감정은 어떤지 등을 검토해 보았다. 또한 일에 대한 태도며 일을 성취하는 데 대한 그녀의 반응을 살펴보았다. 아울러 이런 것들이 결혼 생활과 관계가 있는지 또는 성적 자신감, 남편과 경쟁하려는 욕구 그리고 그런 경쟁에서 오는 공포감과도 서로 관계가 있는지를 검토했다.

여러 가지 정신분석을 했지만 그녀는 여전히 일을 질질 끌고 게으름을 피웠다. 마지막으로 상담소에서는 그녀의 먹는 습관을 살펴보기로 했다.

"케이크를 좋아합니까?"

그녀는 좋아한다고 대답했다.

"케이크의 어떤 부분을 좋아하나요? 케이크에 바른 프로스팅(설탕과 크림 등을 덮은 부분)을 좋아합니까?"

"물론 프로스팅을 좋아하죠."

그녀는 신이 나서 대답했다.

"그러면 케이크를 어떤 순서로 먹나요?"

"프로스팅을 먼저 먹는 것은 말할 것도 없지요."

케이크 먹는 습관에 이어 그녀가 일하는 습관을 검토했다. 그 결과 놀라운 사실이 드러났다. 그녀는 언제나 주어진 시간에서 처음 한두 시간은 즐거운 일을 반쯤 미리 해치우고 나머지 6시간은 지겹고 하기 싫은 일을 억지로 하고 있었다.

의사는 한두 시간 내에 재미없는 일을 억지로라도 먼저 해치우고 나머지 6시간은 자유롭게 즐기는 것이 더 낫지 않겠느냐고 조언했다. 그녀도 스스로 공감하고 예전의 습관을 바꾸려고 노력했고 그 결과 더 이상 일을 질질 끌지 않게 되었다.

정신과 의사로 세계적인 베스트셀러 작가인 스캇 펙은 다음과 같이 조언한다.

즐거운 일을 나중으로 미루는 것은 하루하루의 생활에서 괴로운 일과 즐거운 일을 계획적으로 짜되, 고통을 먼저 겪은 뒤 즐거움을 갖게 되면 그 즐거움을 더 잘 즐길 수 있게 된다는 뜻이다. 이것이 삶을 풍요롭게 하는 유일한 방법이다.

실행력은 성공의 열쇠다

작은 습관은 큰 성공의 바탕이 된다. 힘든 일과 어려운 일이 있을 때 어떤 일을 먼저 하는지는 작은 습관에 해당할 것이다. 이때 힘든 일을 먼저 하는 습관과 쉬운 일을 먼저 하는 습관은 처음에는 작은 결과를 낳지만 쌓이고 쌓여 나중에는 결코 무시할 수 없는 결과를 낳게 된다.

그런데 흔히 생각만 해 놓고 실천이 뒤따르지 못한 사람이 있다. 힘든 일을 먼저 하고 쉬운 일을 나중에 해야 한다는 것에 누구나 동의할 것이다. 이때 마음으로 동의만 하는 사람과 생각한 것을 실제 행동으로 옮기는 사람은 나중에 비교할 수 없을 정도로 차이가 날 수 있다. 흔히 좋은 습관을 이야기할 때 중요한 것이 바로 실행력이다.

실행력은 자신의 생각을 실제 행동으로 옮기는 능력이다. 다른 사람들이 가지 않은 길이라도 그 길이 나 자신뿐만 아니라 다른 사람들을 도우면서 더불어 살 수 있는 바람직한 길이라면 남보다 앞서 그 길을 선택하고 앞장서서 걸어가야 한다. 문제는 생각이 아니라 실행력에 달려 있는 것이다.

중요한 것은 말이 아니라 실행이다. 실행이 사람을 바꾼다. 아무리 많은 생각을 하고 뛰어난 아이디어를 지녔어도 실행에 옮기지 않는다면 현실적인 가치를 창출해 낼 수 없는 것은 당연한 일이다.

래리 보시디는 『실행에 집중하라(Execution)』에서 "아인슈타인 만한 천재는 많다. 그러나 이론을 정립하기 위해 그처럼 10년의 연구와 실험을 견뎌 낼 사람은 흔치 않다. 이것이 실행이다."라고 말한다.

알베르트 아인슈타인이 상대성 이론을 증명해 내기까지는 무려 10년이 넘는 세월이 걸렸다. 그가 세계적인 천재 물리학자이기에 별 어려움 없이 그 일을 해냈을 것이라고 생각하기 쉽지만 결코 그렇지 않다. 당시 그는 직장도 변변치 못해 생활고에 시달려야 했다. 그가 이런 장벽을 뛰어넘은 것은 다름 아닌 실행력 덕분이었다.

아인슈타인이 하기 싫은 일을 뒤로 미루는 습관을 가졌다면 결코 오늘날의 아인슈타인은 존재할 수 없었을 것이다. 누구보다 호기심이 강했던 그는 끈기와 인내심으로 연구를 거듭해 마침내 상대성 이론을 세상에 내놓았다.

일의 우선순위를 정해 주어라

친구들과 재미있는 놀이를 하면서 먼저 하라고 양보하는 아이들이 있다. 친구에게 먼저 재미있는 놀이를 하게 하는 아이는 나중에 자신의 차례가 왔을 때 기다린 만큼 더욱 재미있게 즐길 수 있음을 아는 것이다. 이 아이는 케이크를 먹을 때도 맛없는 부분을 먼저 먹고 맛있는 부분은 나중에 먹을 줄도 안다. 숙제가 있을 때에는 숙제부터 먼저 해 놓고 놀 것이다. 부모가 '숙제부터 먼저 하고 놀아라.'는 잔소리를 하지 않아도 숙제부터 먼저 해치운 다음 텔레비전에서 좋아하는 만화를 볼 것이다.

어린 시절 이런 행동은 당연히 몸에 밴 습관이 되고 나중에 성인이 되어서 더 큰일을 할 때 좋은 습관과 에너지가 될 것이다. 공부도 마찬가지다. 계획표를 짤 때와 실천할 때에 어려운 과목, 하기 싫은 과목을 먼저 공부하게 하는 것이 반드시 필요하다.

예를 들어 국어, 영어, 수학 등 어렵고 범위가 넓은 과목은 매일 복습을 하지 않으면 나중에 시험에 대비할 때 분량이 너무 많아 한 번 보기도 벅차다. 매일매일 해 놓으면 나중에 복습하기가 수월하고 5번 정도까지 반복해서 공부할 수 있다.

'고시 3관왕'을 이룬 고승덕 의원은 5번 정도는 반복해서 공부해야 자신감이 생긴다고 했다. 5번으로는 만점을 받기가 어렵다는 생각이 들면 그는 10번 정도 반복 학습을 하는데 이때 반드시 만점을 받는다고 한다. 그래서 그는 자신 없는 과목은 10번 반복 학습을 하라고 조언한다.

싫은 일은 먼저 해치우게 해라

재미있는 게임은 자신이 독차지하고 싫증이 날 때서야 친구에게 건네주는 아이가 있다. 이런 아이는 케이크를 먹을 때도 맛있는 부분을 먼저 먹고 맛없는 부분은 먹지 않을 것이다. 학교 숙제가 있어도 집에 돌아오면 먼저 텔레비전을 보거나 만화를 보고 또는 놀 궁리부터 먼저 한다. 사회인이 된 후에 직장생활을 하면서도 어려운 일은 회피하려고 할 것이다. 힘든 일이 있으면 미적거리다가 상사에게 꾸지람을 듣기 쉽다.

학창 시절에 이유 없이 결석을 한다든가 충동적으로 행동하는 사람은 이후에 성인이 되어서도 그렇게 행동할 가능성이 높다고 한다. 다른 사람의 행동을 쉽게 모방하기 때문에 나쁜 행동에 물든 친구가 나쁜 행동을 하자고 부추길 때 이를 거절하지 못하고 빠져들기 쉽다. 나쁜 행동과 습관이 되풀이되면 결국 범죄의 구렁텅이에서 벗어날 수 없게 되는 것이다. 범죄자는 어린 시절부터 나쁜 행동과 습관이 누적되어 빚어지는 결과라고 할 수 있다.

인간의 욕망은 편하고 쉬운 일을 하려고 바라기가 어렵고 힘든 일은 거부한다. 그렇다고 욕망대로만 따르면서 어렵고 힘든 일을 하지 않고 세상을 살아갈 수 없다. 더군다나 사회적으로 성공하기를 바라고 리더가 되기를 꿈꾼다면 쉬운 일보다 어렵고 힘든 일을 하는 데 더 익숙해져야 한다. 어렵고 힘든 일을 하면서 역경을 이겨 내는 힘을 축적할 수 있다.

고통에 맞서는 힘은 사랑이다

현명한 사람은 문제를 두려워하지 않고 오히려 반기며 더 나아가서는 문제가 주는 고통까지 기꺼이 받아들인다.

하기 싫고 힘든 일을 하게 하려면 먼저 부모의 본보기가 중요하다. 어린 아이들에게는 부모를 판단할 만한 분별력이 갖추어져 있지 않기 때문에 어린 눈에 부모란 무조건 신처럼 보인다. 부모가 하는 일은 모두 그렇게 해야 하는 것이라고 생각한다.

만일 부모가 자제하고 인내하고 단정하고 질서 있는 생활 등을 영위해 나가는 것을 아이들이 보고 자란다면 그 아이들은 '이것이 사는 방법이구나.' 하고 가슴 깊이 느끼게 될 것이다. 마찬가지로 부모가 하루하루 참을성 없고 자제력 없이 사는 모습을 보여 주게 되면 이 아이들 역시 '저런 것이 삶인가 보다.' 하고 믿게 될 것이다.

어떤 돈 많은 부모는 자녀 생일날에 친구들에게 한턱내라면서 신용카드를 준다는 말을 들은 적이 있다. 친구들 앞에서 자녀의 기를 살려 주기 위한 부모의 마음이라지만 결코 바람직한 태도라고 할 수 없다. 씀씀이가 헤픈 자녀를 만들 수 있을 뿐만 아니라 허영심을 키울 수 있다. 또 여기에는 부모노릇을 '돈'으로 대신하면 다 된다는 안이한 인식이 깔려 있다.

한 설문 조사에서 청소년들에게 '부모에게 바라는 점'을 물었을 때 가장 많이 나온 대답이 '경제적인 뒷받침'이었다고 한다. 사랑도 아니고, 대화도 아니고, 단지 '돈'이다. 과연 이것이 누구의 잘못일까? '요즘 아이들은 되바라졌어.'라며 아이들 탓으로 돌릴 것인가? 꿈과 사랑, 미래를 가꿔야 하는 아이들이 오로지 '돈'을 원한 것은 전적으로 부모 탓이다. '돈'이 최고의 유산이라고 생각하도록 아이들에게 물질만능주의 가치관을 물려준 것이다.

자녀교육에서 중요한 것은 '사랑'이다. 아무리 무질서하고 혼란한 가정일지라도 그 속에 사랑이 있으면 자제력 있는 아이가 나오기도 하고 이런 아이들이 성공 신화의 주인공이 되기도 한다. 가끔 부모가 '방임형'이어서 마치 가축을 들판에 방목하듯이 키웠는데도 훌륭한 인재로 성공하는 경우가 있다. 그런 가정에는 공통적으로 부모와 자녀 간에 서로 사랑하고 신뢰하는 분위기가 존재한다. 반면에 사랑이 없으면 부모나 자녀가 아무리 사회적으로 성공해도 집안에는 이상할 정도로 냉기가 감돈다.

어린 시절부터 자녀에게 하기 싫고 힘들고 어려운 일을 먼저 하게 하고 쉬운 일을 나중에 하게 하라. 이것만 몸에 익혀도 성공의 기본기 중 가장 중요한 무기를 갖춘 셈이다. 그 나머지는 노력과 준비, 그리고 행운에 달려 있다.

성공하는 자녀교육 멘토링 5

❶ 아버지를 따라 여행하면서 고서들에 매료되고 도서관을 즐겨 찾았다.

　　에드워드 기번

❷ 아이들은 장난감 갖고 놀기, 게임, TV보기 등 자기가 좋아하는 행동을 하기 위해서 자기가 좋아하지 않는 행동(숙제)을 해야만 한다면 이를 기꺼이 한다.

　　프리맥 원리

❸ 어린 시절부터 쉬운 일보다 힘들고 하기 싫은 일을 먼저하는 습관을 들게 한다.

　　스캇 펙

❹ 고통은 가르침을 준다. 벤저민 프랭클린

❺ 삶은 고해다. 이것은 삶의 진리 가운데서 가장 위대한 진리다. 그러나 이러한 평범한 진리를 이해하고 받아들일 때 삶은 더 이상 고해가 아니다. 스캇 펙

오늘날 미국을 이룩한 것은 청교도 정신과 개척 정신이라고 한다. 개척 정신은 안락하고 편안한 둥지를 떠나는 것에서 출발한다. 둥지를 벗어나지 않고서는 새로운 미래를 건설할 수 없다. 그래서 개척 시대 미국인은 죽음을 무릅쓰고 서부로, 또다시 서부로 떠났던 것이다.

분가는 둥지를 떠나는 행위이다. 떠남은 곧 고난이 기다리고 있음을 의미한다. 그러나 고난은 인간을 성숙시키고 이를 이겨 낸 후에는 새로운 길을 열어 나갈 수 있게 한다. 영화 〈정복자 펠레〉를 보면 덴마크의 부잣집에 더부살이를 하고 있는 스웨덴 이주 노동자인 늙은 아버지는 아들을 미래를 위해 더 넓은 세상으로 떠나보내기로 결정한다. 아들이 아버지의 둥지를 떠나지 않으면 아버지와 비슷한 노예의 삶을 살아갈 것이다. 그것은 꿈이 없는 죽은 삶이다. 아들은 아버지의 둥지를 떠남으로써 새로운 꿈을 키워 가고 더 나은 미래를 열어 갈 수 있을 것이다.

펠레는 안온한 삶이 보장된 농장의 견습 감독 자리를 박차고 살을 에는 겨울날 드넓은 세상을 향해 떠난다. 그런 선택은 누구나 쉽지 않다.

"새로운 세계, 미지의 세계, 난 그곳을 찾아가겠어요."

펠레는 굳은 각오로 길을 나선다. 눈보라 치는 겨울 바닷가를 마지막 배경 화면으로 등장시킨 것은 아마도 앞으로 아이에게 닥칠 거센 도전과 풍파를 예고하는 것인지도 모른다.

홀로 서게 해라

아이는 자라면서 언젠가는 부모의 곁을 떠나 큰 세상으로 가게 된다. 철이 들면 가정을 꾸미고 부모 품에서 벗어나 긴 인생의 여행에 나선다. 아직 나이가 어린 자녀를 둔 부모는 그걸 알면서도 언제나 자식이 곁에 있을 거라고 생각한다. 온실 속 화초처럼 키우기보다 최대한 세상 경험을 많이 할 수 있도록 기회를 주는 것이 어쩌면 글로벌 시대인 현재 부모가 해야 할 역할일 것이다.

부모가 자녀와 함께 있는 시간은 그리 길지 않다. 조기유학이나 기숙사 생활이라도 하게 되면 자녀는 10대 중반에 부모의 품을 벗어나게 된다. 아이가 부모를 떠나게 되면 어떤 부모든 가슴이 저밀 것이다. 그러나 그것은 자녀를 더 성숙하게 만드는 여정이기에 떠나보내지 않으면 안 된다.

우리 주변을 보면 자녀가 성장해도 떠나보내려고 하지 않는 부모들이 있다. 결혼을 해도 자녀를 끼고 살려고 하며 지나치게 자녀의 삶에 간섭하여 급기야 자녀를 불행하게 만들기도 한다. 자녀는 언젠가 홀로서기를 해야 하는데 이는 성인이 되는 통과의례로 반드시 필요한 과정이다. 그렇게 해야 거친 세상에서 싸워 나가면서 한 인간으로 성숙하고 훌륭한 사회인으로 살아갈 수 있는 것이다.

릴리 프랭키의 소설 『도쿄타워』는 바로 그런 이야기에서 출발한다. 고등학교에 가기 위해 타지로 아들을 떠나보내는 장면이다. 아들이 집을 떠나는 날 아침, 어머니는 정성스럽게 김으로 싼 주먹밥을 도시락에 담아 난생 처음 엄마를 떠나 낯선 곳으로 떠나는 아들에게 건네준다. 아들이 주먹밥이 든 도시락을 열자 엄마의 편지가 들어 있다.

"네가 고등학교에 합격해서 정말 기뻤다. 엄니 일은 걱정하지 말고 몸 건강히 열심히 공부해라."

편지를 읽으면서 주먹밥을 먹던 아들은 그만 목이 메어 눈물을 삼킨다.

그렇지만 타지로 간 아들은 어머니의 속을 무던히도 썩인다. 공부는 늘 뒷전이다. 결국 대학을 포기하려다가 어머니의 강권에 마지못해 겨우 대학을 졸업하지만 그때부터 또 백수로 지낸다. 그래도 어머니는 언제나 '못난 아들'을 믿고 응원한다.

'때때로 아버지' 역할만 하는 아버지는 이따금씩 아들에게 멘토의 역할을 한다. 대학을 졸업하는 아들에게 아버지는 앞으로 무엇을 할 거냐고 묻는다. 아들은 "아르바이트는 하겠지만, 우선은 아무것도 하고 싶지 않다."고 말한다. 아버지는 "네가 정한대로 하라."고 아들에게 신뢰를 전하는 인상적인 코멘트를 한다. 아버지는 "도중에 역시 그때 취직했더라면 좋았다느니 어쩌느니 했다가는 너는 백수건달로서의 재능도 없다."고 단호하게 말한다. 백수로 지내려거든 일을 하고 싶어 몸이 근질근질할 때까지 놀아 보라는 것이다.

이런 말을 하는 아버지가 무책임하다고 생각할 수도 있지만 꼭 그렇지만은 않다. 5년 동안 백수 생활을 하다 보면 일이 하고 싶어서 몸이 근질근질한 상태가 되기 마련이다. 세상 밑바닥까지 경험하고 약이 잔뜩 올랐을 때가 되면 스스로 일을 해야겠다는 생각을 하게 된다. 아들은 아버지의 말처럼 5년 동안 백수로 지내다가 결국 프리랜서로 성공한다. 어느 날 문득 치열하게 살아야 한다는 경각심은 이렇게 찾아오는 것이다.

꿈은 인간을 살아가게 하는 에너지다

파울로 코엘료의 『연금술사』는 산티아고라는 양치기 소년이 꿈에서 암시받은 보물을 찾아가는 과정을 그리고 있다. 보물이 있다는 이집트의 피라미드까지 우여곡절 끝에 갔지만 결국은 자신이 양치기할 때 머무르던 성에서 보물을 찾는다는 내용이다.

산티아고는 신학교에 다니다가 돌연 아버지에게 신부의 길을 포기하고 세상을 두루 여행하고 싶다고 말한다. 단지 먹고살기 위해 일하는 생활을 벗어나 아들이 집안의 자랑이 되어 주기를 바랐던 아버지는 그 아들이 길을 나서겠다고 하자 이내 허락한다. 아버지는 스페인의 옛 금화 세 개가 든 주머니를 아들에게 주면서 이것으로 양들을 사서 세상을 마음껏 돌아다니라고 말한다. 이때 아들은 아버지 역시 세상을 떠돌며 여행하고 싶어 한다는 걸 안다. 그러나 아버지는 다만 가족을 부양하기 위해 집을 떠나지 못했을 뿐이다.

이 책은 꿈을 이루려면 조력자나 지혜로운 스승, 즉 멘토를 구해야 한다고 조언한다. 그리고 꿈이 실현되리라고 믿고 도전하면 이루어질 수 있다는 교훈을 들려준다. 대개 우리가 꾸는 꿈은 쉽게 도달할 수 없는 저 언덕 너머에 있기 마련이다. 그 꿈을 이루려면 안락하고 편안한 삶은 일정 부분 포기해야 한다.

『연금술사』에는 '팝콘 장수'의 예도 등장한다. 팝콘 장수는 어릴 때 양치기를 하며 떠돌아다니기를 소망했지만 남들 보기에 근사한 팝콘 장사를 택했다. 양치기는 집도 없이 초원에서 자야 하지만 팝콘 장수는 자신의 집에서 잠들 수 있기 때문이다. 하지만 겉으로 근사한 것만이 전부가 아니다. 지금 당장 이익을 보고 남의 찬사를 받는 것도 좋지만 미래가 없다면 더 이상의 진전을 이룰 수 없다.

산티아고는 2년 동안 익숙해진 생활(안달루시아 평원에서 양치기하는 것)에서 벗어나는 것을 두려워하고 주저하다가 결국 모험을 선택한다. 지금 당장의 안온한 삶보다 더 나은 미래의 삶을 이루기 위해서이다.

팝콘 장수처럼 변화를 두려워한다면 길을 떠날 수 없다. 영화 〈정복자 펠레〉에서 펠레가 농장의 노동자를 감시하는 감독직이라는 안정된 삶에 마음을 빼앗겼다면 결코 새로운 세상으로의 모험에 나설 수 없었을 것이다.

아이들은 언젠가는 자신만의 길을 찾아 떠나야 한다. 떠나겠다는 생각을 한다는 것은 꿈이 있다는 것이고 스스로 그리고 있는 미래가 있다는 뜻이다. 부모는 자녀의 꿈을 믿고 지원해 주는 역할에 머물러야 한다. 더 많이 보고 느끼고 성장하며 꿈에 한 발 더 다가갈 수 있도록 응원해 주어야 한다.

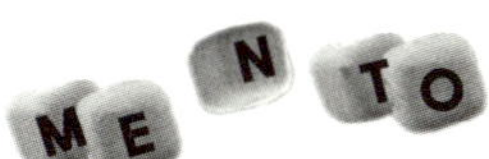

성공하는 자녀교육 멘토링 5

❶ 나는 이미 늙고 약하지만 너는 어리다. 너는 언제라도 세계로 나가 정복할 수 있다. 〈정복자 펠레〉에서

❷ 가난하더라도 만족하며 사는 사람은 부자, 그것도 대단한 부자이다. 하지만 부자라도 언제 가난해질지 모른다고 겁을 내며 사는 사람은 헐벗은 겨울 같은 법이다. 『오셀로』에서

❸ 5월에 어느 사람은 말했다. 일에서 큰 성공을 거두는 것보다 제대로 된 가정을 가지고 가족을 행복하게 해 주는 것이 훨씬 더 어려운 일이라고. 『도쿄타워』에서

❹ 온갖 성실한 것 중에서 결혼이라는 놈이 가장 장난을 많이 친다. 『피가로의 결혼』에서

❺ 꿈은 '꿈속의 여인'과 같이 결코 쉽게 얻을 수 없다. 『연금술사』에서

남성과 여성은 다르다

존 그레이는 『화성에서 온 남자 금성에서 온 여자』에서 본능과 욕구, 언어와 사고방식에서 서로 차이를 지닌 남자와 여자를 화성인, 금성인에 비유했다. 남성이 점심 식사를 하러 가자고 하는 것은 계획에 대한 논의나 사업상의 목적 등 해결해야 할 일이 있는 경우이다. 여성이 함께 점심을 먹으러 가자고 하는 것은 우정을 돈독히 하고 관계를 풍요롭게 하기 위해서다.

남성들은 목적을 이루는 능력을 통해 자기 존재를 확인한다. 한마디로 남성들은 목표 지향적이다. 밥을 먹어도 목표를 이루기 위한 방편으로 밥을 먹는다.

한편 여성은 남들과 자신의 느낌을 함께 나누는 관계를 통해 자기 자신에 대한 만족을 느낀다. 자신의 능력 대신에 자기가 지닌 따뜻함 그리고 사랑과 관심을 표현하고 싶어 한다. 이를 '관계 지향적'이라고 한다.

존 그레이에 따르면 남성과 여성은 스트레스 대응법에서 차이가 난다. 남성은 스트레스가 쌓이거나 문제가 생기면 혼자 '마음의 동굴'로 들어가서 해결책을 찾는다. 남성들은 어려운 문제에 대한 해결책을 모색하고자 할 때, 언짢거나 스트레스를 받을 때, 자기 자신을 돌이켜볼 필요를 느낄 때, 사랑에 빠져 있을 때 동굴로 들어가 혼자 지내는 것이다. 남성들은 자기 자신을 되찾기 위해 말을 하지 않는다. 집에서 남편이 아내와 대화를 나누는 경우에도 95퍼센트는 마음이 다른 데 가 있고 나머지 5퍼센트의 마음만 가지고 대화에 임한다. 아들도 역시 남자이기에 마찬가지이다.

반면 여성은 스트레스를 받거나 기분이 우울할 때 자기가 믿는 사람을 찾아가 자기 문제를 속 시원히 이야기하고 싶어 한다. 여성들은 자신의 문제를 다른 이와 나누어야 사랑받고 있다고 생각한다.

즉 남성은 '신뢰'받기를 원하지만 여성은 '관심'을 원한다. "여보, 무슨 일이 있었어?"라고 걱정스러운 얼굴로 남자가 물어 주면, 여자는 그의 자상한 마음에 편안함을 느낀다. 그러나 여자가 걱정스러운 얼굴로 남자에게 물으면, 남자는 그녀가 자신을 신뢰하지 않는 것 같아 모욕감을 느낀다. 더욱이 "당신은 어떻게 그런 행동을 할 수가 있어요?"라는 말을 여자에게 듣기라도 한다면 하루 종일 얼굴이 굳어 있을 것이다.

조언에 대해서 남성과 여성이 받아들이는 태도가 다른 것은 이러한 속성 때문이다. 남자는 여자가 조언을 해 줄 경우 그녀가 자기 능력을 믿지 않는다고 느껴 자존심이 상한다. 여자는 상대가 도움을 제의해 올 경우 그가 자신에게 호의와 애정을 갖고 있다고 생각한다. 반면 남자는 도와주겠다는 제의를 해 오면 수치심을 느낀다. 자신의 능력을 불신한다고 생각하기 때문이다.

그래서 존 그레이는 "남자에게는 조언을 포기하라."고 강조한다. 예를 들어 부부가 승용차를 타고 약속 장소에 가다가 길을 잘 몰라 헤매게 될 경우 남자는 주변 사람에게 길을 묻는 것을 주저한다. 다음은 『화성에서 온 남자 금성에서 온 여자』에서 나오는 사례다.

톰(남편)과 메리(아내)가 파티에 가는 도중 장소를 못 찾고 똑같은 곳을 빙빙 돌기만 했다. 이때 메리가 톰에게 다른 사람에게 도움을 요청해 보는 게 어떻겠느냐고 말했다. 톰은 그때부터 아무 말도 하지 않았다. 결국 파티장소에 도착했지만 팽팽한 긴장감이 두 사람을 감싸고돌았다. 메리는 톰이 왜 그토록 기분이 상했는지 알 길이 없다. 톰의 입장에서 보면 기분 나쁜 일이었다. 조금 전에 그녀가 한 말은 "당신만 믿고 있다가는 파티에 못 가겠어요. 당신은 미숙해요!"라고 한 것과 다름없으니까.

대다수 남성들에게는 비록 그것이 음식점이나 파티에 차를 몰고 가는 것처럼 사소한 일일지라도, 자기가 그 일을 멋지게 해낼 수 있음을 보여주는 게 무척 중요하다. 남성들은 특히 기계를 손보거나 어느 장소를 찾아가거나 문제를 해결하는 능력에 한해서는 자기가 전문가라는 사실에 긍지를 느낀다. 그러므로 사소한 일일지라도 남자들이 원하는 것은 충고나 비판이 아니라 따뜻한 신뢰의 눈빛임을 잊어서는 안 된다고 존 그레이는 조언한다.

이러한 속성도 모르고 여성이 신뢰하지 않는 반응을 보이면 남성들은 자아위축에 빠진다. 그리고 이렇게 생각할 것이다.

'파티장소를 찾는 것 같은 작은 일도 나를 믿어 주지 않는데, 내가 그보다 큰일을 할 때 어떻게 그녀가 나를 믿을 수 있겠는가?'

대체로 여성들은 남성에게 원하지도 않은 조언을 하거나 그들을 도와주려고 할 때 자신의 말이 남성에게 얼마나 비판적이고 불쾌하게 들릴 수 있는지 잘 알지 못한다. 남성들은 이렇게 단순하다. 그래서 존 그레이는 차라리 남성들에게는 조언을 하지 말라고 당부한다.

남성의 가슴속에는 영웅이나 용감한 기사가 자리하고 있다. 자기가 사랑하는 여자를 지키고 여봐란 듯이 멋지게 해내고 싶어 한다. 상대의 신뢰를 느끼면 더 헌신적인 사람이 된다. 그러나 신뢰를 얻지 못한다고 느끼면 혈기와 활력을 잃고 얼마 후에는 관심조차 가지지 않는다.

남성과 여성의 신체적 차이를 이해해라

열다섯 살 된 제이슨은 아버지와 함께 성과 사랑에 대해 이야기를 나누었다. 제이슨은 이렇게 말했다.

"남자와 여자 사이에 실제로 어떤 차이가 있는지 알아냈어요. 여자아이들은 사랑을 얻기 위해서 성관계를 약속하고, 남자아이들은 성관계를 하기 위해서 사랑을 약속한다는 거예요. 일단 성관계를 하고 난 뒤에는 떠난다는 것이 내 소신이에요."

너무 직설적인 표현이어서 당혹스러워할 수도 있겠지만 베스트셀러인 『부모와 아이 사이』의 저자 하임 기너트는 남자와 여자의 사랑에 대한 접근법의 차이를 이렇게 비유했다. 이는 사랑의 확인보다 욕망 충족을 서두르는 남성과 욕망 충족보다 사랑의 확인이 중요한 여성의 심리를 직설적으로 비유한 것이다. 이는 남녀의 성적 본능의 차이에서 기인한다고 하겠다. 이런 점에서 남성의 경우 사랑은 눈으로 시작한다고 볼 수 있다. 이는 인체 구조적으로 남성이 본능적으로 시각에 예민하기 때문이다.

미니스커트의 유행을 남성주의 시각에서 보자. 미니스커트는 남성의 욕망을 자극하는 기제가 된다. 흔히 여성이 잘 이해하지 못하는 것 중의 하나가 여성의 노출 패션에 대한 남성의 태도다. 남성들은 일반적으로 여성의 노출 패션을 보면 성적 흥분을 느낀다. 연예인들이 노출 패션으로 무대에 오르는 것은 이런 남성들의 시선을 사로잡기 위해서라고 하겠다.

반면 여성주의적 시각에서 보면 여성은 미니스커트 유행을 자기만족 욕망의 표현이라고 한다. 남성이 미니스커트 입은 모습에 성욕을 느낀다고 하면 '짐승'이라고 비난한다. '눈의 음욕'이라는 말이 있는데 남성이 여성을 힐끔힐끔 보면서 성욕을 충족한다는 말이다. 임철규의 『눈의 역사 눈의 미학』에 따르면 남성의 시선은 권력을 상징한다. 남성의 시선은 폭력적이고 심지어 제국주의적이라고까지 한다.

그리스 비극에서 오이디푸스는 아버지를 죽이고 어머니와 결혼(프로이

트는 아들이 아버지를 질투하고 어머니의 사랑을 무의식적으로 차지하려는 욕
망을 의미하는 '오이디푸스 콤플렉스'라고 정의)한 자신의 죄를 벌하기 위해
자신의 눈을 뽑는다. 모든 것이 '눈의 욕망'에서 비롯됐다는 의미다.

시각에 약한 남성의 성적 본능 문제는 중·고등학교의 '남녀 합반' 문제
로 확장해 생각해 볼 수 있다. 아들을 둔 수많은 학부모들이 남녀 합반으
로 남학생들에게 불리하다고 아우성을 치는 것은 이러한 남과 여의 성적
차이와 맞물려 있다. 아들을 둔 학부모들이 고등학교를 남녀공학에 보내
기를 꺼리는 것도 이러한 이유 때문이다. 반면에 딸을 둔 학부모들은 아
들을 둔 학부모만큼 우려하지 않는 듯하다.

현재 우리나라의 경우 남녀공학은 중학교 82퍼센트, 고등학교 61퍼센
트에 달하고 대부분 남녀 합반이다. 1998년 인성교육을 위해 김영삼 정
부가 남녀공학과 남녀 합반을 본격 도입했다. 그런데 갈수록 인성 교육의
효과와는 별개로 학부모들의 고민을 깊게 하고 있다. 특히 사춘기에 접어
든 남학생에게 남녀 합반은 불리할 수밖에 없다는 분석도 나오고 있다.
물론 여성주의적 시각에서보자면 말도 안 되는 소리겠지만 여학생의 화
장과 자극적인 교복 입기는 본능적으로 시각에 민감한 남학생들에게 성
적 욕망을 자극할 수도 있다.

최근 선진국에서 남녀 '따로 수업'이 확산되고 있는 추세도 이런 문제
점을 인식하고 있기 때문이다. 미국의 경우 2004년부터 연방정부가 공립
학교에서 남녀 분반 수업을 허용하면서 455개교로 늘어났다고 「뉴욕타
임스」가 보도한 바 있다.

뉴욕의 '이글스쿨은' 2008년부터 시범적으로 5학년 일부 학급에 남녀

분반을 실시하고 있다. 학습 효과를 높일 가능성이 있다며 학교장이 적극 추진한 결과다. 처음엔 망설이는 학부모들도 많았지만, 올해부터 주변 학교도 남녀 분반을 도입할 만큼 환영받고 있다. 아들이 '남자반'에 다니는 한 학부모는 "남자애들이 예전엔 여자애들 앞에서 누가 가장 '터프'한지, 누가 '쿨'한지 자랑하는 데 열심이었다."면서 이제는 이런 태도가 사라지고 수업 참여도가 높아졌고 방과 후 활동도 늘었다고 한다.

물론 합반과 분반의 장단점에 대한 학계의 논의도 정리되지 않고 있다. 남녀분반이 확산되고 있는 미국에서도 성에 대한 선입견을 조장할 수 있다는 우려도 나온다. 킴 갠디 전미여성기구(NOW) 회장은 "수학 시험에서 여학생한테 져본 적 없는 남학생들은 나중에 자라서 여성 상사의 존재를 받아들이지 못할 수 있다."고 지적했다.

최근에 남녀공학에 대한 언론보도도 늘어나고 있는 것은 이러한 흐름을 반영한 것이다.

남녀공학에 들어가면 남학생의 내신 성적이 여학생보다 낮아지므로 공학을 기피한다는 것은 이제 공공연한 비밀이다. 지난 수십 년간 교육 당국은 남녀 학생들이 함께 교육을 받는 것이 더 좋다고 여겨왔다. 남녀의 차이는 태생적으로 다른 것이 아니라 교육과 환경에 의해 결정된다는 시각에서다. 이러한 시각은 주로 사회학자나 여권시장을 강조하는 페미니스트들에 의해 강조되었다. 특히 시몬 드 보부아르가 제2의 성에서 "여자는 태어나는 것이 아니라 만들어지는 것."이라고 주장한 후 페미니스트 활동은 지난 40년간 교육계에 큰 영향을 미쳤다.

그러나 국내외에서 나타나고 있는 남녀분반 교육 바람이 이러한 흐름을 바꿀 것인지 주목된다. 남녀 분반 교육은 생물학적으로 남녀 차이가 존재한다는 가정에서 출발하기 때문이다. 생물학자들에 따르면 남자는 공격적이고 적극적인 데 반해 여성은 소극적 수동적이다. 또 남자는 수리 공간지각 능력이 발달한 반면 여자는 언어와 음악 미술 감각이 우수하다. 남녀는 태생적으로 차이가 있으므로 따로 따로 특성에 맞춰 교육하는 것이 좋다는 것이다.

2008년 6월 28일 「한국경제」에서

언론 보도에서처럼 주위를 둘러보면 남녀공학을 보낼지 말지 고민하는 학부모들이 의외로 많은 것 같다. 최근에 분당에 사는 한 지인은 분당 예찬론을 펴더니 웬일인지 서울로 이사 갈 계획이라고 한다. 다름 아닌 분당에서는 모든 고등학교가 남녀공학이기 때문에 아들을 생각해서 '남고'가 있는 서울로 이사하기로 했다는 것이다.

아들 딸에 따라 멘토링이 달라야 한다

여기서 색다른 비유를 한번 들어 보자. 최근에 부모들 사이에서 큰 호응을 얻고 있는 곳이 있는데 '아버지 학교'라는 곳이다. 그런데 대부분 아버지들에게 '아버지 학교'에 대해 설명하고 한번 가 보자고 하면 언짢아한다. 자신이 '문제 아버지' 혹은 '불량 아버지'라는 느낌이 들어서 그렇다.

취재차 만났던 이종국 씨도 그랬다.

이 씨의 부인은 고등학교에 다니는 남매가 말썽을 일삼고 집안 분위기가 험해지자 남편에게 용기를 내서 말했다.

"아무래도 우리가 변하지 않으면 안 될 것 같아요. 아이들에게 변하라고 말하기보다 우리가 먼저 아이들에게 다른 모습을 보여야 해요."

이어 부인은 남편에게 기독교 단체가 운영하는 '아버지 학교'에 다녀 볼 것을 제안했다. 교회에 나가지 않던 이 씨는 아내에게 벌컥 화를 냈다.

"아버지 학교에 나가라니. 그럼 내가 아빠로서 문제가 있다는 말이오?"

이 씨는 그때까지 아버지 학교는 '문제 아빠'나 '불량 아빠'들이 가는 곳으로 알고 있었다. 아내는 남편을 설득했다. '아버지 학교'는 문제 아빠가 가는 곳이 아니고 아이들과 더 가깝게 지내려는 아빠들이 찾는 곳이라고 말해 주었다. 남편은 며칠 생각하더니 마음을 고쳐먹고 아버지 학교에 가겠다고 했다.

이 씨가 '아버지 학교'에 거부감을 보인 까닭은 조언과 훈육받기를 원하지 않는 남자들의 속성 때문이다. 남자들은 '아버지 학교'에 가거나 다른 사람의 조언을 듣는 것을 본능적으로 기피하는 속성을 지니고 있다.

여기서 자녀교육에 적용할 수 있는 진리를 발견할 수 있다. 남자아이를 키우는 일부 부모들이 방학 때 인성이나 예절을 가르치는 캠프에 보내기도 하는데 문제는 아이에게서 크게 달라진 모습을 발견할 수 없다는 점이다. 대부분 아이들은 캠프에 다녀온 지 며칠 지나면 원상 복귀하고 만다.

아버지가 '아버지 학교'에 가는 것을 싫어하는데 아이들이라고 별반 다르지 않다. 남성들은 다 똑같은 남성 DNA를 지니고 있기 때문이다. 대신 아버지와 아들이 함께 여행을 떠나거나 산책을 하면서 직접 스킨십을 하는 시간을 가지는 게 자녀교육에 효과적이다. 이는 내가 방학 때마다 도보 여행을 하면서 느낀 점이기도 하다.

이와 같이 남과 여의 성적 차이에 따른 태도는 자녀교육에서도 참고해 달리 대응을 해야 한다. 그렇지 않으면 오히려 부모와 자녀 간에 불필요한 긴장을 유발하고 자칫 엇나가는 행동으로 이어질 수도 있다. 예컨대 스트레스를 받고 있는 아들에게 부모가 이야기를 하려고 시도하면 아들은 대부분 자신의 방문을 닫고 혼자 있으려고 하기 일쑤다. 이때는 기다려주는 게 상책이다. 문을 강제로 열고 들어가면 '난리'가 난다. 시간을 갖고 기다려 주면 자신의 방에서 나와 다시 예전의 모습을 보여 줄 것이다.

딸의 경우도 별반 다르지 않다. 물론 딸들도 아들과 마찬가지로 문제가 생길 때 부모에게 속 시원히 털어놓고 해결책을 구하는 이가 많지 않지만 여성의 속성을 알고 딸에게 접근하면 한층 대화를 부드럽게 이어 갈 수 있을 것이다.

요즘은 문제가 생기면 부모보다 또래 친구들에게 더 잘 이야기하고 또 그들의 조언에 더 영향을 받는다. 그것은 자녀들이 부모와의 대화보다 친구들과의 대화 시간이 절대적으로 많기 때문이다. 전문가들은 특히 사춘기의 자녀들에게는 때로 부모가 거리를 두는 게 필요하다고 조언한다.

소아정신과 전문의 노경선 박사는 "부모에게 거의 모든 것을 의존하던 초등학교 시기와 달리, 자녀가 부모와 거리를 두고 자신의 영역을 독립적으로 구축할 수 있도록 도와주어야 한다."고 조언한다. 부모 의존도를 낮추고 자기 관리 영역을 넓혀 주어야 한다는 것이다. 그는 저서 『아이를 잘 키운다는 것』에서 다음과 같이 밝히기도 했다.

> 사춘기는 부모보다 친구가 더 좋아지고, 이성친구가 생기며, 많은 친구들과 긴밀한 또래 집단을 만들고 싶어 하는 시기이도 합니다. 예민한 시기인 만큼 부모는 자녀들의 교우관계를 모독하고 무시하는 발언을 해서는 안 됩니다. 친구가 좋아지고 친구들과 어울리고 싶은 아이들의 자연스러운 마음을 받아 주어야 합니다.

부모가 먼저 자녀들에게 다가가 대화하려는 분위기를 만들면 아이는 조금씩 마음의 문을 열고 이야기를 하기 마련이다. 놀랍게도 나중에는 시시콜콜한 이야기도 하게 된다. 특히 아버지가 자녀들이 하는 이야기에 귀담아 들으려는 자세를 보여 주는 게 중요하다.

아버지가 자녀에게 제대로 멘토링을 하기 위해서는 남자와 여자의 성 차이, 본능적 속성의 차이를 알 필요가 있다. 아버지와 어머니뿐만 아니라 자녀도 남녀에 따라 차이를 두고 멘토링을 하는 것이 바람직하다. 존 그레이의 말처럼 아들에게는 '신뢰'를 주는 말을 하고, 딸에게는 이야기를 들어주고 '관심'을 느낄 수 있게 해 준다면 훨씬 더 멘토링의 효과가 클 것이다.

성공하는 자녀교육 멘토링 5

❶ 여자가 받고자 하는 것 : 관심, 이해, 존중, 헌신, 공감, 확신

　남자가 받고자 하는 것 : 신뢰, 인정, 감사, 찬미, 찬성, 격려 존 그레이

❷ "여보, 무슨 일이 있었어?"라고 걱정스러운 얼굴로 남자가 물어 주면, 여자는 그의 자상한 마음에 편안함을 느낀다. 그러나 여자가 걱정스러운 얼굴로 남자에게 물으면, 남자는 그녀가 자신을 신뢰하지 않는 것 같아 모욕감을 느낀다. 존 그레이

❸ 여자아이들은 사랑을 얻기 위해서 성관계를 약속하고, 남자아이들은 성관계를 하기 위해서 사랑을 약속한다. 하임 기너트

❹ 남녀 합반에서 남자애들이 예전엔 여자애들 앞에서 누가 가장 '터프'한지, 누가 '쿨'한지 자랑하는 데 열심이었다. 아들을 둔 미국 학부모

❺ 사춘기는 부모에게 거의 모든 것을 의존하던 초등학교 시기와 달리, 자녀가 부모와 거리를 두고 자신의 영역을 독립적으로 구축할 수 있도록 도와주어야 한다.

노경선(소아정신과 전문의)

요즘에는 부부간에 '자녀교육의 궁합'도 맞아야 한다고 한다. 아이를 교육시키는 방법에 대한 궁합이 맞지 않는 대표적인 사례가 조기유학 문제일 것이다. 가족이 모두 이민을 가지 않는 한 대부분은 자녀와 아버지가 몇 년간 떨어져 지내게 된다. 그사이 기러기 아빠는 이혼을 하게 되거나 심한 우울증으로 인해 목숨을 끊는 경우도 있다. 이는 모두 자녀교육의 궁합을 맞추는 데 실패했기 때문이다.

자녀교육에 성공하기 위해서는 부부뿐만 아니라 부모와 자녀 사이 그리고 형제자매 사이에도 좋은 관계가 형성되어야 한다. 부모는 자녀교육을 위해 헌신하고, 자녀는 노력으로 보답할 때 서로 친밀하고 강한 관계가 유지되는 것이다.

부모와 자녀가 같은 목표를 그려야 한다

세대 간에 공동의 이해와 목표를 공유하지 못할 경우 자녀가 성공해도 부모 자녀관계는 어그러지기 쉽다. 부모 자녀 간에 좋은 궁합을 유지하기 위해서는 먼저 세대 간에 비전과 원칙, 철학의 공유가 필수적이다. 특히 돈에 대한 세대 간의 철학을 공유하는 것이 무엇보다 필요하다. 돈에 대한 원칙이 공유되지 않으면 갈등이 점차 비화될 수 있다.

케네디가와 같은 명문가를 꿈꾸던 존 도너번이라는 미국의 억만장자가 자녀와 재산을 놓고 갈등을 벌이다가 아들에게 청부 살해당할 뻔 한 사건이 있었다. 영화에서나 있을 법한 일이라 이 사건은 미국에서뿐만 아니라 세계적으로 화제가 되었다. 더욱이 이 억만장자는 MIT 교수 출신이고, 아들도 MIT와 하버드 로스쿨을 나왔다. 아버지가 케네디 대통령을 흠모해서 전 재산을 하버드대학교에 기부하려고 하자 자녀들과 갈등을 빚게 됐다는 것이다. 부모와 자녀의 돈에 대한 철학이 달랐기 때문에 생긴 패륜적인 사건이다.

자녀는 부모를 이기고 싶어 한다

아버지와 자녀 간의 관계는 때로 경쟁 관계로 변하기도 한다. 피카소와 그 아버지 역시 그랬다. 피카소는 어린 시절 아버지를 존경했지만 나중에 아버지의 성까지 버리고 어머니 성인 피카소를 따랐다.

아들은 어린 시절에 아버지를 모방하려는 심리적인 욕구가 강하다. 프로이트의 정신분석학에 따르면 아들의 무의식에는 아버지를 이겨 보겠다는 심리가 내재해 있다고 한다. '오이디푸스 콤플렉스'가 바로 그것이다. 아이들은 어려서 아버지를 존경하지만 나이가 들면 들수록 아버지를 뛰어넘어야 할 벽으로 안다는 것이다.

피카소의 아버지는 아들의 교육을 위해 헌신하면서 자신의 생업이나 인생의 목표를 팽개칠 정도였다. 피카소의 아버지 역시 화가였다. 그러나 파블로 피카소는 성공한 후에 아버지를 자신의 잠재적 경쟁자로 인식해서인지 아버지를 적대시했다. 결국 파블로 피카소는 자신의 성마저 어머니 성으로 바꾸었다. 피카소 아버지의 이름은 호세 루이즈 블라스코이다.

아버지는 미술 교사로 활동했지만 성공한 화가는 아니었다. 그의 그림은 고전적인 아카데미 화풍이었다고 한다. 처음에 피카소는 아버지를 열심히 따라다녔고 첫 데생은 아버지를 위해서 그린 비둘기였다. 어린 피카소는 처음에는 아버지의 아카데미 화풍을 모방하기도 했다. 아버지도 그런 아들을 키우는 데 보람을 느꼈기에 전혀 힘들어하지 않았다.

그런데 피카소는 자라면서 차츰 아버지를 증오하기 시작했다. 조두영 서울의대 교수(정신과)는 '피카소의 아버지 이겨 내기'라는 글에서 "피카소의 무의식에는 그 아버지에 대한 애증의 양면감정, 즉 아버지를 닮고 싶은 소망과 아버지의 영향에서 벗어나고 싶은 욕망이 뒤섞여 있었다."고 분석한다.

아버지, 증오하거나 존경하거나

아이는 커서 자신만의 세계를 갖기 시작하면 그때부터 아버지의 품을 벗어나려고 한다. 이때 두 가지 유형이 나타난다. 하나는 아버지를 증오하고 잠재적인 적으로 간주하는 것이고 다른 하나는 아버지를 존경하며 동반자적 관계를 유지하려는 것이다.

투자의 귀재 워렌 버핏은 바로 아버지가 자녀와의 관계에서 이상적인 역할을 한 유형에 해당한다. 버핏은 지금도 존경하는 인물로 그의 아버지를 꼽는다. 오늘날 자신을 '투자가의 전설'로 있게 한 사람은 다름 아닌 아버지 하워드 버핏이라고 말한다.

워렌 버핏이 태어난 1930년에는 뉴욕 주식시장이 대공황의 절정에 이르렀을 때였다. 버핏의 아버지도 대공황의 여파로 고생하고 있었다. 신앙심이 깊고 근면한 아버지 하워드는 버핏의 첫 돌 때 증권 세일즈맨으로 근무하던 직장이 폐쇄돼 실업자 신세가 됐다. 하워드는 친구와 증권 회사를 만들었지만 이름뿐이었고 수입도 거의 없었다. 다섯 식구를 부양하기조차 힘들었다. 어린 시절 가난하게 자란 버핏은 도덕심이 강한 아버지의 영향 등으로 평생 사치스러운 생활을 멀리했다.

아버지 하워드는 버핏이 여섯 살 때 20달러로 처음 통장 계좌를 개설해서 선물로 줬는데 5년 후에 120달러로 불어났다고 한다. 열한 살 때 그는 이 돈으로 38달러짜리 주식을 3주 살 수 있었다. 이게 그의 생애 첫 주식 투자였다. 주가가 27달러까지 하락하자 조바심이 난 그는 5달러 정도 수익을 올리게 되자 처분을 했다. 그런데 주식을 팔자마자 200달러까지 치솟았다. 이때 그는 '투자에는 인내가 필요하다.'는 교훈을 얻었다고 한다. 결국 아버지가 선물해 준 20달러 통장이야말로 오늘날 520억 달러에 이르는 부를 축적할 수 있게 한 주춧돌이었던 것이다.

버핏은 부자 부모에게 상속받은 재산을 '부자들의 식량 스탬프'라고 부른다. 식량 스탬프를 많이 물려준다면 자녀는 그것을 가지고 무기력하게 인생을 보내게 될 가능성이 크다. 배부른 상태에서는 도전 정신이 발휘되지 않는 법이다. 창조적인 일을 하거나 의미 있는 일을 찾지 않아도 그가 사용할 수 있는 식량 스탬프(돈)가 얼마든지 쌓여 있기 때문이다.

버핏은 자녀들에게 결코 많은 재산을 증여하거나 상속하지 않을 계획이라고 한다. 자녀가 자칫 부모가 이룬 재산에 눈독을 들이고 생산적인 일을 하려고 하지 않는다면 자신의 부(富)가 자녀들의 앞길에 방해물이 될 뿐이다.

그는 큰딸 수지와 두 아들 하워드와 피터에게 어린 시절부터 틈만 나면 "전 재산을 사회에 기부할 것."이라는 그의 철학을 주지시켰다. 재산은 어느 정도 물려주되 결코 많은 재산을 물려주지 않을 것이라는 점을 가정교육을 통해 인식시켰던 것이다. 이런 점 때문에 자녀도 큰 재산을 유산으로 받게 될 것이라고는 생각하지 않고 인생 설계를 했다고 한다.

버핏의 세 자녀는 다른 부유층 자녀와는 확실히 대조되는 인생관을 갖고 있다. 이들은 2006년 버핏이 380억 달러를 사회에 환원하자 아버지의 기부 결정에 대해 전폭적인 지지를 보내기도 했다. 부모와 자녀 사이에 돈에 대한 원칙과 비전을 공유되지 않았다면 불가능하다. 이것이 바로 버핏이 가정에서 자녀교육을 제대로 했다는 증거다.

버핏에게 볼 수 있는 것처럼 가족은 한 팀이다. 그 안에도 규칙과 질서로 운영되는 시스템이 존재해야 하고 그 시스템을 경영할 리더가 필요하다. 버핏은 가족의 리더로서의 역할도 잘해 냈다고 볼 수 있다.

가족이 하나의 시스템처럼 잘 굴러가기 위해서는 가족들이 공유하는 '원칙'이 있어야 한다. 그 원칙들을 실천하면 하나의 '가풍'이 만들어지는데 이는 하루아침에 만들어지지 않는다. 아버지, 어머니의 열정과 노력뿐만 아니라 자녀도 여기에 기꺼이 동참해야 한다.

"투자는 인내다."라는 버핏의 말처럼 자녀교육이야말로 가장 인내를 요구하는 '장기 투자'와 같다. 그 첫걸음은 부모와 자녀 간에 이상을 공유하는 것에서 출발해야 한다. 이상을 공유하면 삶의 원칙을 공유할 수 있게 되고 그런 집안에서 큰 인물이 탄생하는 것이다.

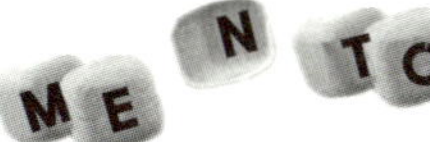

성공하는 자녀교육 멘토링 5

❶ 아들에게 능력이 있으면 아버지의 돈이 필요하지 않을 것이다. 능력이 없다면 더더욱 아버지가 모은 재산을 아들이 헛되이 탕진하게 할 수 없다. 성룡

❷ 행복한 가정은 모두 엇비슷하고 불행한 가정은 불행한 이유가 제각기 다르다. 톨스토이

❸ 엘리트가 많다고 사회가 성공하는 것은 아니다. 효율적인 삶만이 성공한 삶이라고는 말할 수 없다. 안철수

❹ 식구가 넷이라면 가족의 성격은 다섯 개이다. 왜냐하면 집합으로서의 가족도 하나의 성격을 갖기 때문이다. 자녀를 이해하고 싶다면 가족을 하나의 시스템으로 생각하라. 필립 맥그로

❺ 투자는 인내다. 워렌 버핏

'체·덕·지'가 몸에 배게 해라

최근 우리나라 학생들은 체격이 커졌음에도 불구하고 체력은 점차 '약골'이 되어 가고 있다. 이는 이미 어느 정도 예견된 일이다. 입시 준비만 해도 시간이 모자를 지경이니 체력을 기를 겨를이 없다.

최근 우리나라 학생들은 체격이 커졌음에도 불구하고 체력은 점차 '약골'이 되어 가고 있다. 이는 이미 어느 정도 예견된 일이다. 우리나라 학생들은 입시에만 매달리느라 체력을 기를 겨를이 없다. 체육시간에는 성적을 내기 위한 시간이지 학생들의 체력을 향상하게 해 주는 시간이 아니다.

그래서 우리나라 학부모들은 정말이지 할 일이 많다. 수업준비물을 챙겨야 할 뿐만 아니라 학원이나 과외, 진학 정보를 꿰차고 있어야 한다. 더욱이 체육시간에 운동을 시키지도 않으니 따로 태권도 도장이나 수영장 등에 아이를 보내야 한다. 한마디로 부모, 특히 어머니는 아이의 매니저가 되지 않으면 안 된다.

나는 아들이 중학생이 된 후에도 피아노와 수영 교습을 시키고 있다. 어쩌다 영어나 수학 과외 시간과 피아노 교습 시간이 중복되면 피아노를 먼저 하고 그다음으로 영어나 수학을 하라고 말한다.

한번은 피아노 시간이 맞지 않아 다른 교습소를 찾아간 적이 있었다. 피아노 원장은 대뜸 "아이를 음대에 보낼 계획인가요?"라고 물으며 피아노 레슨을 시키는 이유를 모르겠다고 고개를 갸웃거렸다. 아들은 대부분 초등학생뿐이라며 창피하다고 말하기도 했다. 아들이 불편하겠다는 생각이 들긴 해도 나의 생각은 변함이 없다.

"예체능은 초중고 시절에 해 놓지 않으면 배울 시간이 없다. 영어나 수학보다 나중에 더 쓰임새가 있으니까 열심히 배워 둬라."

최근에는 부쩍 피아노 연주 실력이 늘어 음악실에서 친구들에게 연주를 들려주기도 하고, 수영에도 마음을 붙여서 등교하기 전에 수영장 가는 것도 즐거워한다.

내가 세계적인 명문 사립학교를 취재할 때 가장 인상적이었던 것은 학생들이 악천후에도 불구하고 운동장에서 열심히 운동하는 모습이었다. 특히 세계적인 명문 학교일수록 스포츠를 중시한다. 스포츠를 통해 심신을 단련하고 호연지기를 키우며, 스포츠 경쟁을 통해 서로 배려하고 협동하는 정신을 배울 수 있기 때문이다.

영국을 비롯한 세계의 명문 학교는 춥고 비가 오는 와중에도 야외 운동을 하고 있었는데 '방과 후 활동'으로 예체능 과목을 필수적으로 이수해야 우수한 성적을 받을 수 있었다. 제도적으로 체력과 마음을 단련할 수 있도록 마련해 놓고 학생들을 이끌고 있는 것이다. 그야말로 '지(知)·덕(德)·체(體)' 교육이 아니라 '체(體)·덕(德)·지(知)' 교육인 것이다.

'지·덕·체'가 아니고 '체·덕·지'다

정운찬 총리는 대학 총장 시절 우리나라 교육의 방향이 근본적으로 바뀌어야 한다고 강조한 적이 있다.

"우리나라는 '지·덕·체, 지·덕·체' 하는데 영국은 '체·덕·지'가 교육철학이다. 체력이 정말 중요하다. 강인한 체력 없이 훌륭한 지도력이 나오지 않는다."

영국의 철학자 존 로크 또한 1693년 펴낸 『교육에 관한 몇 가지 단상』에서 체력의 중요성을 강조했다.

학생이 길러야 할 것이 첫째가 체력, 둘째가 위기관리 능력, 셋째가 창의력, 넷째가 대담함이다. 그리고 시간이 나면 공부를 가르쳐라.

성적보다 인성이 더 중요하다

영국 런던 교외에 있는 세븐옥스 스쿨(Sevenoaks School)은 최근 영국에서 최우수 학교로 뽑힌 명문 학교이다. 그만큼 입학 조건도 까다롭다. 이곳에 입학하기 위해서는 반드시 학교에서 하루 이상 기숙사에서 생활하면서 인터뷰 면접을 해야 한다. 이 학교 홍보 담당자인 사이몬 테일러는 "학생이 다른 학생들과 하루 정도 생활하면서 어떤 행동을 취하는지를 통해 학생의 생활 방식, 인성, 교우 관계 등을 꼼꼼히 점검한다."고 했다. 물론 이러한 자료가 학생의 입학 여부에 결정적인 영향을 미치는 것은 두말할 나위 없다.

또 다른 명문 학교인 윈체스터 스쿨(Winchester school)의 경우 3박 4일에 걸쳐 기숙사에서 숙식하며 입학 전형을 치른다. 영국의 명문 학교가 이런 방식으로 학생을 선발하는 까닭은 지식과 인성을 조화롭게 겸비한 학생을 선발하기 위해서다.

세븐옥스 스쿨과 인접해 있는 톤브리지 스쿨(Tonbridge School)은 독특한 기숙사 시스템을 통해 학생들을 문화의 바다에 흠뻑 빠지게 한다. 이 학교에는 캠퍼스 곳곳에 12개의 하우스(기숙사)가 있다. 모든 학생은 수업 이외에는 하우스 중심으로 학교생활을 한다. 각 하우스마다 하우스 마스터와 튜터가 학생들의 감성 교육을 담당한다. 튜터는 학생이 방과 후 활동과 종교 활동을 할 수 있도록 지원한다.

부모가 해 주지 못하는 인성과 감성 교육을 해 주는 것이다. 교실 수업이 지식 교육을 담당한다면 하우스 수업은 인성 교육인 셈이다. 특히 학생은 자신이 소속한 하우스의 전통과 문화에 자부심을 가지고 페스티벌을 열거나 예술 활동, 스포츠 경기를 통해 서로 경쟁한다.

미국 최고의 명문학교로 통하는 필립스 아카데미 앤도버 교정 곳곳에는 '논 시비(Non Sibi)'라는 라턴어 문구를 쉽게 만날 수 있다. '이기심을 버려라(Not for Self)'라는 뜻으로 조지 워싱턴 등과 함께 미국 독립의 아버지로 불렸던 폴 리비어가 230년 전 학교 설립 때 만든 교훈(校訓)이다. 미국 최고의 명문 사립학교로 꼽히는 이 학교 학생들은 교훈에 담긴 의미를 새기며 사회봉사와 기부 활동을 통한 노블레스 오블리주의 실천을 훈련받고 있다.

미래의 핵심인재는 이른바 '도덕 지수(MQ)'에 달려 있다고 해도 과언이 아니다. 도덕 지수를 높이기 위해서는 기부나 봉사에 대해 어린 시절부터 '학습'에 달려 있다. 남을 도울 수 있는 이타적인 마음은 바로 학교와 가정에서 끊임없이 교육하는 데서 출발한다. 명문가에서 3대에 걸쳐 적선을 한 연후라야 인재를 배출할 수 있다고 한 이유도 여기에 있다. 자녀가 어릴 때부터 부모가 먼저 기부나 봉사에 솔선수범의 본보기를 보여 주는 게 바로 도덕 지수를 높이는 지름길이다.

나의 고향 인근에는 거창고등학교가 있는데 내가 고등학교에 지원할 때인 1970년대에는 별로 두각을 보이지 않는 미션 스쿨이었다. 그런데 지금은 전인교육이 훌륭한 학교로 유명해졌다. 이 학교의 강당에 새겨진 '직업 선택의 십계'라는 글을 보면 그 비결이 조금 짐작이 된다.

1. 월급이 적은 쪽을 택하라.

2. 내가 원하는 곳이 아니라 나를 필요로 하는 곳으로 가라.

3. 승진의 기회가 거의 없는 곳을 택하라.

4. 모든 조건이 갖추어진 곳을 피하고 처음부터 시작해야 하는 황무지
   를 택하라.

5. 앞을 다투어 모여드는 곳을 절대 가지 말라.

6. 장래성이 전혀 없다고 생각되는 곳으로 가라.

7. 사회적 존경 같은 것을 바라볼 수 없는 곳으로 가라.

8. 한가운데가 아니라 가장자리로 가라.

9. 부모나 아내나 약혼자가 결사반대하는 곳이면 틀림없다.

10. 왕관이 아니라 단두대가 기다리는 곳으로 가라.

이 학교가 추구하는 것은 눈앞에 보이는 욕망이 아니다. 자유로운 영혼, 도전하고 배려하는 인재의 양성이라고 할 수 있을 것이다. 이기적인 성공 신화에 집착해 '붕어빵' 인재를 만들어 내는 현실에서 이 학교는 아이들이 '가장 높이 날아 가장 멀리 볼' 수 있기를 바랐을 것이다.

먼저 집에서 문화를 가르쳐라

가정에서 하는 예체능 교육은 '문화'를 자주 접하게 하는 데서 시작할 수 있다. 음악의 경우에는 먼저 아침에 일어나면 습관처럼 클래식 음악을 듣게 해 주자. 선곡하기가 힘들면 라디오의 클래식 음악 채널에 고정해 놓으면 된다. 아침을 클래식으로 시작하면 마음이 차분해지고 열정이 일어난다. 특히 아침에는 클래식 가운데 경쾌한 오케스트라나 합창곡이 제격

이다. 감정을 고양시켜 주고 하루를 리듬감 있게 시작할 수 있게 해 준다. 클래식 음악에 조예가 깊어지면 그때 작곡가별로 들어도 좋다. 이렇게 되면 집안의 분위기가 달라질 뿐만 아니라 아이에게 음악적 감성을 일깨워 주는 일석이조의 효과를 거둘 수 있다.

아인슈타인은 다섯 살 때부터 열네 살까지 바이올린을 배웠다. 처음에는 반복 연습해야 하는 바이올린을 싫어했지만 결국 음악이 그의 인생에서 가장 중요한 부분을 차지하게 되었다. 그는 "열세 살 때 모차르트의 소나타에 푹 빠지면서 음악을 이해하고 좋아하기 시작했다."고 고백했다.

아인슈타인은 언젠가 세미나에 앞서 바이올린 연주회를 가졌는데, 한 스위스 지역신문은 '바이올린 연주회 성황'이라는 기사를 내보내기도 했다. 이 기자는 아인슈타인을 물리학자가 아니라 바이올린 연주자로 착각했던 것이다. 그 정도로 아인슈타인은 바이올린 연주를 잘했다.

아홉 살 생일 날 부모님은 내게 바이올린을 선물로 사 주었다. 이날부터 아름답고 맑은 바이올린의 선율은 내가 가는 곳은 어디든 쫓아다녔다. 몇 년이나 그런 생활이 계속되었다. 이날부터 내게는 하나의 마음속 고향, 탈출구가 생기게 되었다. 거기서 나는 무수한 자극과 즐거움, 그리고 고통을 함께 맛보아야 했다.

이는 헤르만 헤세가 그의 수상록 『삶이여 깨어 있는 자유여』에서 고백한 내용이다. 헤세는 또한 아버지로부터 받은 어린 시절의 가르침과 추억이 자신의 문학적 감수성에 큰 영향을 미쳤다고 고백한다.

헤세는 "교실에서 선생님의 입을 통해 지루하고 역겹게 여겨진 사실이 아버지가 이야기하자 매력적인 형식을 갖춘 모습으로 재탄생했다."면서 특히 아버지가 산책하면서 들려준 괴테의 '나뭇가지 너머에서'라는 시는 평생 그의 가슴에 남아 있다고 회상했다.

초승달이 은빛으로 비추는 어느 날 저녁 아버지는 나를 숲이 우거진 산으로 데리고 갔다. 우리는 심호흡을 했다. 아름다운 달빛, 조용한 풍경에 대해서 진지하게 이야기를 주고받고 나서 우리는 아무 말도 없이 서 있었다.

스스로 하지 못한다면 강제도 필요하다

"하기 싫은 공부를 억지로 시켜선 안 된다."

"아니다. 억지로라도 시켜야 한다."

이 명제는 자녀교육에서 오래된 논쟁 가운데 하나다. 어떤 전문가는 책을 읽기 싫어하는 아이에게 억지로 책을 읽게 하면 흥미를 떨어뜨려 오히려 평생 책을 보지 않는 아이로 만들 수 있다고 주장한다. 반면 독서는 때때로 책을 읽기 싫어도 매일매일 강제성을 띨 정도로 습관을 들여야 한다고 주장하는 사람도 있다. 이 중에 누구의 주장이 옳은지 섣불리 결론을 내리기는 힘들다.

아이가 하고 싶지 않아도 억지로 예체능 교육을 시킨 '독려형'의 예로는 케네디가를 들 수 있다. 케네디는 어려운 일을 해야 할 때마다 어린 시절 어머니가 즐겨 들려주던 말을 떠올렸다.

"하기 싫은 일도 열심히 하려고 노력하면 잘할 수 있게 되고 반복해서 하면 잘할 수 있게 된다. 일단 잘하게 되면 자신감이 생기기 때문이다."

케네디가 성공할 수 있었던 또 다른 비밀은 어린 시절부터 공부뿐만 아니라 운동을 열심히 했기 때문이다. 4남 5녀를 둔 어머니 로즈 여사는 아이들에게 독서와 신문 읽기, 운동 등을 고루 하도록 권유했다. 어머니는 남자 아이에게는 풋볼, 요트, 테니스, 수영, 골프를 하게 했고 여자아이에게는 댄스, 수영, 골프 등을 훈련하게 했다.

케네디가의 셋째 딸 유니스(현재 아널드 슈워제네거 캘리포니아 주지사의 장모)는 일주일에 한 번씩 댄스 교습을 받았는데 마음속으로는 댄스가 싫었다.

"어머니, 왜 하기 싫은 춤을 배우라고 하세요. 전 무용 학원에 가지 않을 거예요."

유니스는 다른 사람 앞에서 춤을 추는 게 창피한 생각이 들어서 어머니에게 이렇게 말했다.

"유니스, 세상에는 하고 싶은 일보다 하기 싫은 일을 할 때가 더 많단다. 지금은 필요 없는 것 같지만 나중에 필요할 때가 올 거란다. 지금 춤을 배워 두면 나중에 네가 커서 내 말대로 배우기를 잘했다는 생각이 들 때가 올 거야."

유니스는 어머니의 말대로 춤이 싫어도 참고 계속 배웠다. 그리고 곧 춤을 잘 추게 되었다.

케네디가가 이민온 지 100년 만에 대통령을 배출하고 부모의 뜻을 잘 따르는 아이들로 교육시킨 데에는 여러 가지 노하우가 있을 것이다. 아이들과 대화하는 시간을 많이 갖고 서로 떨어져 있을 때는 전화나 편지로라도 소통하며 이해하려고 노력한 것은 웬만한 지성이 아니면 하기 힘든 일이다. 그러나 그 무엇보다도 자녀가 부모를 따를 수 있었던 것은 자신을 믿어 주는 마음을 알기 때문일 것이다. 케네디가는 잘못을 저질렀을 때는 다섯 시간이라도 훈계하되 다시 그 일로 잔소리를 하지 않아 아이의 자존심을 지켜 주었다.

어린 시절에 부모가 시키는 일을 제대로 하는 아이는 많지 않다. 하기 싫어 반항하기도 하고 하지 않으면서 했다고 거짓말을 하기도 한다. 이때 하기 싫어하는 아이를 설득해서 하게 하면 언젠가는 부모의 말이 옳다는 것을 깨달을 날이 온다.

"밖에 나가 놀게 하라. 그리고 잘하지 못하는 일을 할 수 있도록 격려하라."

이는 마이크로소프트 창업자 빌 게이츠가 아버지 윌리엄 게이츠로부터 배운 최고의 자녀교육 방법이다. 아버지의 날(Father's Day)을 맞아 「포춘」에서 진행한 빌 게이츠 부자 인터뷰에서 빌 게이츠는 아버지로부터 얻은 가장 훌륭한 조언을 묻는 질문에 "어린 시절 내가 하지 못하는 일을 잘하도록 격려하고 밖에 나가 수영, 풋볼 등 다양한 운동을 즐기라고 북돋워 주신 것이다."라고 대답했다.

어머니나 아버지가 자녀들에게 스스로 '문화의 바다'에 빠질 수 있도록 이끈다면 더할 나위가 없다. 오늘날 우리나라 학교는 지식 위주의 교육으로 신음하고 있다. 미래는 상상력과 창의력으로 무장한 인재를 원한다. 세계적인 명문 학교는 지식과 인성을 골고루 갖춘 인재를 키워 내기 위해 문화와 개성을 중시하는 교육을 하지만 우리나라는 그렇지 못하다.

또한 가정에서도 부모들이 입시에만 신경을 써 정작 자녀들이 필요한 운동이나 예술적 재능을 키워주는 데 너무도 인색하다. 초등학교를 마치면 예체능 교육은 대부분 부모의 관심에서 거의 멀어진다.

하지만 미래는 창의력과 상상력을 갖춘 인재를 원한다. 미래의 핵심인재로 키우기 위해서는 학교 공부뿐만 아니라 '인성의 바다' 그리고 '예체능의 바다'에서 뛰며 몸과 마음을 얼마나 단련하느냐에 달려 있다고 해도 과언이 아닐 것이다.

성공하는 자녀교육 멘토링 5

❶ '지·덕·체'가 아니고 '체·덕·지'다. 정운찬

❷ 학생이 길러야 할 것이 첫째가 체력, 둘째가 위기관리 능력, 셋째가 창의력, 넷째가 대담함이다. 그리고 시간이 나면 공부를 가르쳐라. 로크

❸ 남의 약점을 이용하지 마라, 비굴하지 않은 사람이 돼라, 약자를 깔보지 마라. 항상 상대방을 배려해라, 잘난 체하지 마라, 다만 공적인 일에는 용기 있게 대처해라. 이튼칼리지의 교훈

❹ 처음엔 서툴러도 열심히 반복하면 최고가 될 수 있다. 로즈 케네디

❺ 밖에 나가 놀게 해라. 그리고 잘하지 못하는 일을 할 수 있도록 격려해라. 윌리엄 게이츠

'아웃라이어(Outlier)'란 사전적 의미로 '본체에서 분리되거나 따로 분류되어 있는 물건' 또는 '표본 중 다른 대상들과 확연히 구분되는 통계적 관측치'를 뜻한다. 그런데 말콤 글래드웰은 『아웃라이어』에서 그 의미를 조금 다르게 해석하여 적용했다. 그는 '보통 사람의 범주를 넘어선 성공을 거둔 사람' 혹은 '성공의 기회를 발견해 그것을 자신의 것으로 만든 사람'을 아웃라이어로 통칭했다. 그리고 아웃라이어에게 발견되는 게 바로 '1만 시간의 법칙'이라고 한다.

1만 시간의 법칙

1만 시간의 법칙이란 한 분야에서 1만 시간의 노력을 기울이면 누구나 보통 사람의 범주를 넘어선 성공을 거둔 전문가, 즉 아웃라이어가 될 수 있다는 것을 말한다. 10년 동안 하루 4시간씩 연습하고 몰입하면 누구든 성공하지 않을 수 없을 것이다.

1968년, 열세 살 때 빌 게이츠는 레이크사이드학교의 학부모회가 사준 컴퓨터 터미널 덕분에 그 컴퓨터가 연결된 워싱턴대학교 컴퓨터센터에서 밤새 프로그램을 연구할 수 있었다. 하버드 재학 시절에도 컴퓨터실은 빌 게이츠의 사무실이나 다름없었다. 대학 2학년, 자신의 소프트웨어 회사를 차리기 위해 하버드를 중퇴할 때까지 7년간 쉼 없이 프로그래밍을 해 온 것이다. 그 시대에 빌 게이츠와 같은 행운을 누릴 수 있는 10대가 전 세계에 얼마나 될까.

선마이크로시스템스의 빌 조이는 미시건대학교 컴퓨터센터가 문을 연 해인 1971년에 입학했다. 그것이 그에게는 행운이었다. "여자 손도 한 번 못 잡아본 머저리"였다고 고백하는 조이는 일 년 내내 컴퓨터센터를 문턱이 닳도록 드나들었고 그 세계에 완전히 매료되고 말았다.

1975년 캘리포니아대학원에 들어간 그는 컴퓨터 소프트웨어의 세계 속으로 더욱 깊이 빠져들었다. 그는 인터넷 접속을 위해 필요한 소프트웨어를 가장 많이 만들어낸 주인공이다. 결국 그는 11년 동안 컴퓨터에 빠져들다 1982년 선마이크로시스템스를 창업했다.

의사에서 백신 개발자 그리고 교수로 변신해 이른바 '멀티 성공' 신화를 이룬 안철수 교수 역시 누구보다 컴퓨터를 앞서 접할 수 있었다. 안철수는 자신의 컴퓨터에 바이러스가 침투한 1988년부터 창업한 1995년까지 무려 7년 동안 의학을 공부하면서 컴퓨터 프로그래밍 공부를 병행했고 이것이 결국 안철수의 인생을 결정적으로 바꾸어 놓았다. 7년은 우연하게도 빌 게이츠가 프로그래밍에 매달린 기간과 같다.

준비한 자만이 기회를 얻을 수 있다

여기서 잠시 최근의 흥미로운 분석에 주목해 보자. 글래드웰은 『아웃라이어』에서 세계적인 큰 부자를 만드는 요인으로 개인적인 노력과 부모의 뒷받침뿐만 아니라 '사회문화적 배경' 역시 중요하다고 분석하고 있다. 성공에 반드시 필요한 '기회'가 늘 우리 자신이나 부모에게서 오는 것은 아니다. 그것은 우리가 살고 있는 시대로부터 온다. 역사가 우리에게 보여주는 특정한 시간과 공간 속의 특별한 기회에서 오는 것이라고 글래드웰은 강조한다.

글래드웰은 세상을 뒤흔든 큰 성공을 이룬 아웃라이어에게는 특별한 기회를 잘 활용하는 능력이 있다고 말한다.

"성공은 개인적인 특성뿐 아니라 주변 환경과 문화적 유산, 시공간적 기회에 큰 영향을 받는다."

독특한 개인의 재능, 지능, 노력, 열정을 뛰어넘는 것은 바로 사회가 주는 '특별한 기회'와 '역사 문화적 유산'이라는 것이다.

이런 관점에서 본다면 빌 게이츠, 안철수 그리고 빌 조이가 한두 발 앞서서 컴퓨터와 컴퓨터바이러스를 접한 것은 자신의 인생뿐만 아니라 사회를 뒤바꾼 결정적인 계기로 작용했던 것이다. 안철수는 '성공의 요인'에 대해 "시기가 맞은 것 같다. 막 (컴퓨터) 기계어 공부를 끝냈을 때 바이러스를 만났다. 당시 나이가 몇 살 어리거나 더 많았으면 달라졌을 것."이라고 말했다.

1968년 빌 게이츠가 컴퓨터를 처음 접한 것이 더 없는 '기회'로 작용해 마이크로소프트사를 일구었다면, 1983년 안철수가 애플컴퓨터를 처음 접하고 이어 1988년 컴퓨터바이러스를 처음 접한 것이 오늘날의 안철수를 있게 했다고 해도 지나친 말은 아닐 것이다. 이들은 다른 사람보다 앞서 컴퓨터의 존재와 컴퓨터바이러스를 만나면서 새로운 도전에 나설 수 있었던 것이다. 글래드웰은 빌 게이츠와 같은 큰 부자는 컴퓨터의 등장과 같은 큰 변화의 물결이 경제를 휩쓸 때 등장한다고 분석하고 있다.

빌 게이츠가 하버드대학교를 중퇴하고 창업에 나선 것은 그 당시에 한 발 앞서 소프트웨어 회사를 차리지 않으면 다른 사람들에게 밀려나 두 번 다시 기회가 오지 않을 것이라고 확신했기 때문이다. 컴퓨터 소프트웨어 시대가 이제 막 시작되는 시기에 "졸업 후에 해도 된다."고 머뭇거릴 경우 다른 사람들에게 선점당할 수 있다고 판단한 것이다. 결국 그의 예측은 적중했다.

안철수 역시 서른네 살에 의학도의 길을 포기하고 컴퓨터 백신 개발회사인 안철수연구소를 창업했다. 그가 이때 선택을 머뭇거렸다면 우리나라 백신 시장은 외국계 회사에 넘어갔을 가능성이 크다.

빌 게이츠, 안철수 그리고 빌 조이 사례에서 알 수 있는 것은 7년에서

10년 동안 집중적으로 시간을 투자했다는 것이다. 이때 부모가 어떤 태도를 취하느냐가 자녀의 미래를 좌우할 수 있다. 빌 게이츠나 안철수는 부모의 바람대로 법대(하버드대학교)와 의대(서울대학교)에 진학했다. 빌 게이츠는 변호사인 아버지의 바람대로, 안철수는 의사인 아버지의 기대를 저버릴 수 없었다. 그런데 이들은 돌연 가던 길을 버리고 새로운 도전에 나섰다. '수학 천재'라는 소리를 들었던 빌 게이츠는 법대에서 수학과로 전공을 바꾸었고 결국 스무 살 때인 1975년에 마이크로소프트사를 창업하기로 결심을 한다. 이를 지켜본 아버지는 아들이 하버드대학교를 중퇴하는 게 못내 아쉽고 못마땅했지만 아들에게 용기를 북돋워 주기를 주저하지 않았다. 안철수의 아버지 또한 의대를 포기하고 백신 개발자의 길을 선택할 때에 아들의 선택을 묵묵히 받아 주었다. 이들이 아들의 선택을 수용할 수 있었던 것은 자식에 대한 '신뢰'가 있었기에 가능했다.

10년이면 누구든 위대해질 수 있다

김연아 선수의 어머니 박미희 씨는 저서 『아이의 재능에 꿈의 날개를 달아라』에서 다음과 같이 말했다.

연아를 지켜봐 온 경험에 비추어봤을 때 어쩌면 천재성이라는 것은 꽃과 같다는 생각이 든다. 아무도 모르게 조용히 숨어서 조금씩 벌어질 준비를 하다가 어느 순간에 활짝 피어나는 꽃 말이다. 노력 없이 피어나는 꽃은 없다.

김연아는 초등학교 2학년 말부터 준비해서 4학년 때 2회전 반을 완성했다. 꼬박 2년이 걸린 셈이다. 점프 동작 하나를 완성하는 데만 1만 번 이상의 연습이 필요하다고 한다. 동작 하나를 익히는 데는 보통 1~2년 정도가 걸린다. 이러한 고된 훈련을 통해 기초를 다져 결국 김연아는 '점프의 정석'으로 불릴 수 있었다.

김연아 선수는 1년에 300일을 훈련하고 한 번 훈련할 때마다 30번 이상 점프한다. 1년으로 따지면 9,000번. 점프 성공률은 80퍼센트 안팎이다. 1년 동안 점프하다가 넘어지거나 주저앉는 게 1,800번이나 된다는 말인데 그러한 고통스러운 훈련은 무려 10년 동안이나 계속되었다.

스웨덴의 앤더스 에릭슨은 1990년대 초 「재능 논쟁의 사례」라는 연구에서 프로 연주자는 스무 살까지 매일 연습 시간을 꾸준히 늘려 결국 1만 시간에 도달한다는 것을 밝혀냈다. 반면 엘리트 연주자는 8,000시간, 미래의 음악 선생은 4,000시간을 연습했다. 아마추어들은 일주일에 3시간 이상 연습하지 않았고 스무 살이 되면 2,000시간 정도 연습한 것으로 나타났다.

이것이 앤더스 에릭슨의 '10년 법칙(the 10-year rule)'이다. 10년 법칙이란 어떤 분야에서 최고 수준의 성과와 성취에 도달하려면 최소 10년 정도는 집중적으로 사전 준비를 해야 한다는 의미이다. 쉽게 말하자면 10년 동안 집중과 반복을 하며 열정적으로 몰입하면 이루지 못할 일이 없다는 말이다. 1만 시간은 하루 네 시간씩, 일주일에 20시간을 10년 동안 한결같이 노력한 시간이다.

1998년 우리나라가 IMF 금융 위기를 겪었을 때 우리 국민들의 유일한 위안이 되어 주었던 것은 박찬호와 박세리였다. 메이저리그에서 펄펄 나는 박찬호와 LPGA에서 극적인 승리를 보여 준 박세리 선수의 경기는 경제적으로 암울했던 우리 국민에게 희망의 메시지를 전달해 주었다.

특히 박세리 선수의 경우, 자신의 엄청난 노력과 부모의 뒷바라지가 그의 성공에 밑바탕이 되었다는 점이 화제가 되어 소위 '세리 키즈'라고 하는 어린 골프 선수들이 이때부터 하나둘 생겨나기 시작했다. '세리 키즈'란 1988년생 아이들로 박세리 선수의 우승을 보면서 골프 선수의 꿈을 키우며 어려서부터 골프 선수로 자란 아이들을 지칭한다. 현재 LPGA에서 큰 활약을 보이고 있는 신지애, 최나연 선수 등이 바로 그들이다. 이들은 열 살 때인 1998년 박세리의 우승 소식을 듣고 골프를 시작해 그야말로 10년동안 1만 시간의 집중적인 연습으로 '세리 키즈' 선수로 자라 20대가 된 지금 세계적인 선수로서의 성공을 이루고 있는 것이다.

이들 선수들의 사례를 통해 얻을 수 있는 교훈은 명확하다. 10년 동안 한 분야에 집중적인 투자를 하라. 그러면 누구든 자신의 분야에서 최고의 자리에 올라 있을 것이다. 10년 동안 1만 시간을 투자하면 반드시 어느 분야의 전문가로 포지셔닝되어 있을 것이고, 바라는 직위에 서 있을 것이며, 더불어 당신을 향한 주위의 달라진 시선을 느낄 수 있을 것이다. 루이 파스퇴르가 "끈기가 나의 유일한 힘이다."라고 말했듯이 끈기가 있어야만 준비 기간을 이겨낼 수 있다.

신문 읽기와 독서에 10년 이상 투자해라

세계적인 인물들은 바로 철저하게 준비를 거듭했고 준비가 무르익을 때 비로소 기회가 찾아와 누구나 부러워하는 행운을 거머쥘 수 있었다.

내 수업을 듣는 학생 중 두 명이 한 방송사의 신입사원 시험을 치르게 됐다. 기자직에 지원한 남학생은 서류전형에 통과해 작문시험과 실기시험을 앞두고 있었고, PD직에 지원한 여학생은 작문시험 때문에 고민을 하고 있었다. 둘 다 따로 면담 시간을 갖고 도움이 될 만한 말을 해 주었다.

시험을 치른 후 두 사람에게 작문시험에 어떤 주제가 출제되었는지 물어보았다. 기자직은 '정치인의 진정성', PD직은 '하이힐'이었다. 여학생에게 얼마 전 「서울신문」에 실린 함혜리 논설위원의 칼럼을 읽어 보았냐고 물었더니 읽지 않았다고 했다. 다음은 함혜리 논설위원이 '고무신'이라는 제목으로 기고한 칼럼의 일부다.

하이힐에 익숙한 사람들은 굽이 낮은 구두를 잘 신지 못한다. 땅으로 꺼지는 것 같고, 자기만 손해보는 느낌도 들기 때문이다. 키높이 구두가 보편화되고, 굽 12센티미터의 킬힐이 유행하는 이유다. 나 역시 키가 큰 편이 아닌지라 적당히 굽이 있는 구두를 신어야 심리적으로 안정감을 갖는다.

평소에 여러 신문을 꾸준히 읽었다면 글을 전개하기 쉬웠을 것이다. 기자직에 지원한 남학생 역시 주제에 남감해했는데, 공자의 『논어』에 나오는 '오부녕자(惡夫侫者)'를 인용했다면 어렵지 않았을 것이다.

'오부녕자'에서 '녕'은 '아첨하다', '말을 잘하다'는 뜻인데 이 소재를 이용해 글을 썼다면 정치인에겐 말재주보다 신뢰와 울림을 주는 진정성이 있어야 함을 강조할 수 있었을 것이다. 이처럼 신문 읽기와 독서는 평소에 생활습관이 되어 있어야 도움을 받을 수 있다.

특히 신문 읽기에서 신문 스크랩은 가장 손쉽게 성공의 초석을 쌓을 수 있는 사소하지만 위대한 습관이다. 마이크로소프트의 빌 게이츠나 세계적인 미래학자 앨빈 토플러 등 세계적인 인물들은 한결같이 신문 읽기를 권장했다. 신문에 인생을 살아갈 지혜나 지식, 정보가 들어 있기 때문이다. 토플러는 하루에 전 세계에서 발행하는 신문을 꼼꼼하게 읽으면서 정보를 수집하고 미래 사회를 예측한다고 한다.

앨빈 토플러는 여든을 넘긴 고령이지만 지금도 현역으로 강연을 하면서 세계적인 베스트셀러를 내고 있다. 1970년과 1980년, 1990년 등 10년마다 『미래의 충격』, 『제3의 물결』, 『권력이동』 등 역작에 내놓으며 위대한 미래학자로 자리매김했다. 그가 미래학자로 우뚝 설 수 있었던 이유는 바로 신문 스크랩 덕분이었다고 한다. 1년 정도만 신문 스크랩을 실천한다면 좋은 습관이 되고 10년 정도 실천하면 어느 한 분야의 전문가로 우뚝 설 수 있다는 확신을 토플러의 예를 통해 알 수 있다.

앨빈 토플러는 평생 신문 스크랩을 실천해 오고 있다. 그는 "미래에 대한 예측도 신문을 통해 현실 흐름을 짚어 내는 데에서 시작한다."면서 스스로를 신문 중독자라고 말한다. 그는 매일 「뉴욕타임스」, 「아사히 신문」을 비롯한 각국의 권위지 6~7개를 정독한다. 토플러는 지식 정보를 습득하고 사회에 대한 비판적 관점을 키우는 데 신문 만한 무기가 없다고 강조한다.

"우리가 살고 있는 사회의 변화 속도는 점점 빨라져 간다. 우리는 현재를 보고 미래를 알 수 있다. 그러나 너무 많은 변화가 동시에 일어나 미래를 확신할 수 없다. 그래도 최대한 미래를 상상하도록 노력해야 한다. 이는 많은 양의 독서를 할 때 가능한 일이다."

인류 사회의 변화를 미리 알아내는 힘이나 돈의 흐름을 파악하는 힘은 바로 통찰력이다. 이들은 그 통찰력은 신문을 통해 미래를 내다보는 능력을 길렀을 때 나올 수 있다고 강조한다.

빌 게이츠는 "우선 신문을 보면 또 어떤 기사가 중요하고 덜 중요한지 뉴스 가치를 통해 세상을 보는 안목을 기를 수 있다."고 강조한다. 특히 그는 "신문을 통해 기사를 읽으면 자신의 관심 분야 이외의 기사도 자연스럽게 시야에 들어오고 흥미 있는 기사를 읽게 된다."고 한다. 빌 게이츠는 그것이 신문의 장점이라고 말한다.

신문 읽기는 사람과 사회에 대한 관찰력을 높여 준다. 신문을 통해서 사람과 사회 흐름, 변화와 트렌드를 발견할 수 있는 것이다. 꿈을 키우고 설계해야 할 청소년들이 신문을 읽어야 하는 까닭은 바로 여기에 있다.

최영재 한림대학교 교수 팀의 연구에 따르면 평소에 신문을 열심히 읽는 대학생은 사회 지식도 풍부하고 학점도 더 높다고 한다. 대학생 1,200명을 상대로 조사한 결과 종이 신문을 하루 평균 30분 이상 읽는 중(重)이용자는 16퍼센트, 6~29분을 읽는 경(輕)이용자는 22퍼센트, 5분 이하로 읽는 비(非)이용자는 62퍼센트인 것으로 나타났다.

이들의 학점을 비교한 결과 중이용자는 3.69점(4.0점 기준), 경이용자는 3.57점, 비이용자는 3.55점 순이었다. 최 교수는 "신문을 읽음으로써 공부를 잘하게 만들 수도 있기 때문에 신문은 지식과 지성을 가르치는 대학의 학습 교재"라고 했다.

일본 도호쿠대학교 가와시마 류타 교수가 펴낸 책 『뇌를 단련하는 신문 읽는 법』에 따르면 신문 뉴스를 제대로 활용하는 학생은 수학이나 사회, 과학, 언어, 글쓰기는 물론 인간 품성에도 우위를 보이는 것으로 나타났다. 신문을 자주 읽으면 문장과 단어 실력이 향상될 뿐만 아니라 문법과 바로 쓰기 능력도 키울 수 있다. 경제나 과학 등 전문 용어에 대한 풀이 역시 어휘 능력을 향상시키는 데 도움이 된다.

자신만의 차별화된 '스펙'을 쌓아라

급변하는 세계 속에서 청소년들은 어떻게 미래를 대비해야 할까. 물론 초등학교에 이어 중학교, 고등학교, 대학교로 진학하기 위해 공부를 해야 하고 또한 신체도 단련해야 한다. 이는 기본 중의 기본이고 누구나 하는 과정이므로 공부 이외에 자신만의 차별화된 '스펙'을 쌓아야 한다.

최근 '입학사정관제'에 의한 학생선발 확대로 고민이 하나 더 늘었다. 입학사정관제로 대학에 진학하려면 성적보다 이른바 자신만의 '스펙'을 보유해야 하기 때문이다. 스펙이란 영어 'specification'을 줄여 부르는 말인데, 입시나 입사 등의 면접 때 자신을 드러낼 수 있는 능력을 뜻한다. 하지만 우리나라와 같이 획일적인 교육제도에서는 스펙을 늘리기가 쉽지 않다. 교육선진국처럼 방과 후 활동이 하나의 평가 시스템으로 정착되어 있지도 않다.

예를 들면 예체능은 우리나라 중고등학교에서는 입시에 반영되지 않아 푸대접을 받은 지 오래다. 이런 현실에서 자기 나름대로 독특한 스펙을 갖추기 위해서는 불가피하게 또 다른 과외를 받아야 한다. 학교에 다녀서는 특기라고 내세울 만한 스펙을 만들 수 없기 때문이다. 그래서 이른바 '입학사정관제 과외'라는 또 다른 사교육시장이 만들어지는 것이다.

나는 한 개 이상의 취미와 한 개 이상의 운동 그리고 좋은 습관 등 '1인 3기'는 갖춰야 한다고 강조한다. 공부나 일 이외에 음악과 운동, 습관 등 3가지에서 자신만의 독특한 재능을 지녀야만 자신의 인생을 아름답게 가꿀 수 있다는 생각에서다.

나의 아들에게는 취미로 피아노를 연주하고, 수영이나 골프 등의 운동을 평생 동안 하고, 신문 스크랩을 평생 습관으로 삼으라고 틈틈이 조언하고 있다. 특히 신문 스크랩은 초등학교 5학년 때부터 3년 가까이 꾸준히 해 오고 있다. 이는 자신만의 스펙의 한 부분이 되고 다른 일을 하는 데 '에너지'로 작용할 수 있다. 취미나 운동을 하지 않고 건강한 생활을 영위할 수 없기 때문이다.

또한 매일매일 정보를 흡수하고 자신의 눈으로 바라보는 비평적 관점을 키워야 세상을 보는 넓은 시야를 가질 수 있다. 텔레비전을 보는 것보다 신문을 읽으면 경쟁하며 살아가는 사람들의 이야기와 최신 정보를 접하면서 세상에 대한 안목도 커진다. 또 신문을 통해 부모가 미처 들려주지 못하는 이야기들도 접할 수 있고 아울러 미래의 꿈을 키워 나가면서 인생의 목표도 세울 수 있을 것이다.

앞으로 고등학교 3학년 때까지 꾸준히 신문 스크랩을 한다면 이것으로도 다른 학생들과 차별화된 스펙을 갖출 수 있다. 또한 신문 스크랩으로도 입학사정관제 전형에 도전해 볼 만하다. 10년 동안 신문 스크랩 노트를 첨부한다면 차별화된 경쟁력을 지닌 학생이 될 수 있다. 또한 자기계발을 지속적으로 해 온 학생, 좋은 습관을 지닌 학생, 세상에 대한 비평적 안목을 지닌 학생으로 평가받을 수 있을 것이다.

나는 아들이 공부를 잘하는 것도 좋지만 신문 읽기와 스크랩을 10년만 해 줄 것을 고대하고 있다. 10년 동안 신문 스크랩을 하면 그 이후에도 결코 중단하지 않고 평생 습관으로 삼을 게 분명하다. 습관의 위대함이 바로 여기에 있다.

아버지의 책 읽는 모습을 흉내 내면서 성장한 어린이 중에 세계적인 명사가 된 사람이 있다. 그는 유태인으로는 최초로 미국 국무장관에까지 오른 헨리 키신저 박사다. 아버지란 책을 읽는 사람이라는 관념이 어린 그의 가슴속에 깊숙이 뿌리를 내리고, 그것이 어린 시절 키신저의 정신적 성장에 지대한 영향을 끼쳤다고 한다. 아버지의 책 읽는 모습만으로도 멘토링이 되고도 남는 것이다.

키신저의 아버지처럼 아침이나 저녁에 자녀와 함께 신문이나 책을 읽어 보자. 그것이 습관이 되면 자신이 좋아하고 흥미를 갖게 되는 분야를 발견할 수 있게 되고 대학 진학도 그 분야로 하면서 그로부터 10년 동안 공부하고 연습하고 훈련하면서 노력을 기울이다 보면 어느새 한 분야의 독보적인 전문가, 프로페셔널리스트로 우뚝 서 있지 않겠는가.

성공하는 자녀교육 멘토링 5

❶ 어느 분야에서 최고가 되려면 10년간의 집중적인 투자가 있어야 하며 그 이후에는 반드시 큰 변화가 온다. 앤더스 에릭슨

❷ 성공은 개인적인 특성뿐 아니라 주변 환경과 문화적 유산, 시공간적 기회에 큰 영향을 받는다. 말콤 글래드웰

❸ 동작 하나를 익히는 데는 보통 1~2년 정도가 걸린다. 이러한 고된 훈련을 통해 기초를 다져 결국 연아는 '점프의 정석'으로 불릴 수 있었던 것이다.

  김연아 선수의 어머니 박미희

❹ 내 통찰력의 원천은 끝없는 독서와 사색이다. 나는 아침마다 신문을 읽느라 손끝이 까매진다. 앨빈 토플러

❺ 배운다는 것'은, 배우는 자세를 '흉내 내는 것'에서 시작된다. 루스 실로

일본 메이지대학교의 사이토 다카시 교수는 "초등학생도 셰익스피어를 읽을 수 있다."고 주장한다. 그는 이것이 학력 수준이 높은 소수 아이들이나 특별한 학원에 다니는 아이들에게만 해당되는 얘기가 아니며 누구든지 가능한 일이라고 강조한다.

그는 한 공립 초등학교에서 수업할 기회가 있었는데, 학생들 모두 사이토 다카시의 수업을 들어 본 적이 없었다. 그때 그는 학생들에게 90분에 걸쳐 나쓰메 소세키의 『몽십야』, 셰익스피어의 『맥베스』, 고바야시 히데오의 『인형』, 프랑수아 라블레의 『가르강튀아』를 읽게 했다.

그 학급은 평소에 한 편의 작품을 배우는 데 10시간 정도가 걸렸다고 한다. 그러나 그때는 상당히 수준 높은 작품 네 편을 90분 만에 읽었다. 보통 때보다 거의 25배나 빠른 속도로 읽은 셈이다. 평소에 자전거를 타고 다니던 아이가 갑자기 고속철도를 탄 느낌이었을 것이다. 하지만 아이들은 끝까지 작품을 읽어 냈다.

생각 주머니를 터지게 하는 책 읽기

요즘 아이들은 정보 처리 능력이 어른의 상상을 훨씬 뛰어넘을 만큼 훌륭하다. 아이들이 사족을 못 쓰는 컴퓨터 게임은 어른들은 따라가지 못할 정도로 매우 빠른 속도로 전개된다. 사이토 교수에 따르면 어른들은 '좀 더 쉽게 만들지 않으면 아이들이 이해하기 힘들거라고 멋대로 생각한다.'고 지적한다. 어른들이 자기 맘대로 아이의 독서 수준을 낮추고 있다는 것이다.

나는 예전에 교회에서 독서 지도사의 지도로 책 읽기를 하는 초등학생들을 인터뷰한 적이 있었다. 그때도 아이들은 중·고등학생을 대상으로 하는 소설인 게리 폴슨의 『손도끼』를 읽고 있었다. 어른들이 보는 책을 더욱 집중해서 보면서 오히려 어른보다 더 정확하게 내용을 분석해 냈다.

나는 그때 취재를 통해서도 사이토 교수의 말을 확인할 수 있었다. 초등학생이라도 어린이 수준 이상의 텍스트를 독해할 수 있는 능력을 지니고 있는 것이다. 특히 일정 수준에 오르기까지 독서 훈련을 체계적으로 받는다면 독서력은 크게 향상될 수 있다.

독서를 통해 자라는 글쓰기의 힘

우리나라 조기유학의 1세대 격인 홍정욱 국회의원은 중학교 3학년 때 미국 유학길에 올랐다. 홍정욱은 그의 역할 모델인 케네디 대통령처럼 초트 스쿨(Choate School)을 거쳐 하버드대학교를 졸업하면서 성공적인 조기유학생의 모델이 되었다. 또한 저서 『7막 7장』은 이미 조기유학생들에게 '바이블'로 통하고 있다.

이 책을 읽다 보면 우선 그가 인용한 동서양의 수많은 고전과 방대한 지식에 놀라지 않을 수 없다. 단순한 책 소개에 그친 게 아니라 내용에 적합한 문구를 인용함으로써 글을 쉬우면서도 풍요롭게 풀어 가고 있다.

페이지를 넘길 때마다 '얼마나 많은 책을 읽었기에 문맥에 적합한 인용구가 나올 수 있을까?' 하며 감탄하게 된다. 이백의 시가 인용되는가 하면 호라티우스의 시가 나오고, '나의 태양은 다시 떠오르기 위해 진다(My sun sets to rise again).'는 로버트 브라우닝의 격언도 등장한다.

해답은 바로 초트 스쿨과 허버드대학교의 교육 방식에 있었다. 대부분 세계적인 명문 사립학교와 마찬가지로 이 학교에서도 세계적인 명작 소설, 철학, 과학 등의 고전을 읽고 발표하고 에세이를 과제로 제출하는 방식으로 수업을 진행한다. 학생들은 이미 고교 때 수백 권의 책을 읽고 내용을 소화하고 그 책에서 다양한 지식과 세계관, 사고력을 배우게 된다. 세상을 보는 다양한 관점과 시야를 갖추게 되는 것이다.

미국대학위원회(College Board)에서 선정한 '미국 고교생이 읽어야 할 100권의 권장 도서 목록(100 Reading List for High School Students Highly Recommended Book)'은 말 그대로 고등학생을 위한 도

서를 모아 놓은 것인데, 그 목록을 보고 나는 큰 충격을 받았다. 우리나라 대학의 영문과 대학원생 이상이나 읽을 만한 소설도 포함되어 있었던 것이다.

이 목록에는 그리스 비극인 호머의 작품을 비롯해 소포클레스의 『안티고네』, 미국의 현대 작가인 토마스 핀천의 『제49호 품목의 경매』에 이르기까지 실로 다양했다. 치누아 아체베의 『모든 것은 무너진다』, 토니 모리슨의 『비러브드』 등 당시 우리나라에 잘 알려지지 않았던 작품도 많았다. 세계적인 명문 보딩스쿨에서는 우리나라에서 대학과 대학원을 나와도 읽지 못하는 작품을 모두 읽도록 가르치고 있었다. 책에 대해 토론하고 에세이를 쓰면 풍부한 독서량과 더불어 글쓰기 능력도 늘어날 수밖에 없다.

우리나라 교육은 어떤가. 다양한 독서와 글쓰기를 하지 않고 영어 단어나 문법만 외우면서 대부분의 시간을 보내니 참담한 생각마저 든다. 대학도 마찬가지다.

나는 연세대학교에서 강의하면서 학생들에게 독서와 신문 읽기를 강조해 오고 있다. 하지만 학생들은 "영어 공부하느라 책 읽을 여유가 없다."는 말만 되풀이한다. 영어만으로는 글로벌 인재가 될 수 없다.

이스라엘은 초등학생 때부터 과제로 하루에 3권 이상 책을 읽게 시킨다. 그렇게 자란 인재는 세계가 주목하는 글로벌 인재가 될 수밖에 없다. 우리나라도 풍부한 고전 읽기와 함께 쓰기 교육을 한층 심화하여 어휘력과 사고력, 세상에 대한 관점을 넓히는 방안을 마련해야 할 것이다.

청나라 말기의 정치가이자 양무운동을 추진했던 청궈판[曾國藩]은 중국 혁명의 위대한 지도자 마오쩌둥[毛澤東]이 존경했던 인물이다. 마오쩌둥은 "근대의 사람 중 오로지 청궈판에게만 탄복할 뿐이다. 혼란을 수습함에 하나의 결점도 없이 처리하는 점을 볼 때, 오늘날 누구에게 그 역할을 맡긴다 한들 가능하겠는가?"라고 찬사를 아끼지 않았다.

청궈판도 평소 부모가 다방면에 걸쳐 독서를 하여 자녀를 이끌어야 한다고 주장했다. 덮어놓고 꾸짖지 말고 몸소 솔선수범의 본보기를 보이고 자녀와 서로 토론하면서 지도해야 한다는 것이다. 그러기 위해서는 반드시 필독서를 읽을 시간을 마련하라고 했다. 청궈판이 꼽은 필독서는 『사서삼경』, 『사기』, 『장자』를 비롯해 11종이다.

자녀교육을 제대로 하고 싶다면 가정마다 필독서를 만들어 보는 것도 좋을 것이다. 대개 부모들은 책을 읽지 않으면서 자녀에게 공부하라고 강요하기 일쑤다. 예나 지금이나 부모 노릇은 결코 쉽지 않다. 미국 대학위원회의 필독서나 상위권대학교에서 추천하는 교양서 목록을 참고해서 온 가족이 한자리에 모여 함께 읽을 책 목록을 만들어 보자.

독서를 좋아한 마오쩌둥은 북경대학교 도서관 사서로 일할 때 가장 많은 책을 읽었다고 한다. 마르크스와 레닌의 이론에 심취하게 된 시기도 이때였다. 사서로 일한 기간은 6개월이 전부였지만 공산주의 국가 주석이 될 만한 이론적인 무장과 많은 지식인 및 개혁주의자와 접하게 된 시기였다. 중국 혁명이 도서관에서 시작된 것이나 다름없다.

생산적으로 독서하는 법을 가르쳐라

다산 정약용은 책을 읽을 때 필요한 내용을 메모하고 갈래별로 분류해 두었다고 한다. 정민 교수는『다산선생 지식경영법』에서 다산의 독서법을 다음과 같이 설명했다.

옛사람들은 책을 읽다가 중요한 대목을 만나면 곁에 쌓아 둔 종이를 꺼내 옮겨 적었다. 이렇게 적은 쪽지가 상자에 잔뜩 쌓인다. 그러면 어느 날 계기를 마련하여 상자를 열고 그 안의 내용을 하나하나 검토한다. 초록할 당시에 이미 주견(主見)이 서 있었으므로, 갈래별로 분류하는 것은 그다지 어려운 일이 아니었다.

그런데 다산은 책을 읽으면서 필요한 내용을 발췌하려면 나름대로 주장이 있는 의견이 확립되어 있어야 한다고 강조한다. 책을 읽으면서 별로 도움이 되지 않는 부분은 건너뛰며 읽고 유용한 내용을 추려내 메모를 해 두는 식으로 독서를 하고 메모했다. 이게 다산식의 '생산적 독서법'이다. 다산은 이렇게 하면 열흘이면 100권의 책도 다 자신의 것으로 소화할 수 있다고 했다.

다산의 사례에서 보듯이 책을 읽을 때 습관처럼 핵심 내용을 기록하는 것이 중요하다. 러시아 곤충 학자로 '시간 관리'의 달인으로 회자되는 알렉산드로비치 류비셰프는 모두 70권의 학술서와 1만 2,000여 장에 달하는 논문과 연구 자료를 남겼다. 그는 곤충분류학, 과학사, 농학, 유전학, 식물학, 철학, 곤충학, 동물학, 진화론, 무신론 등 경계를 넘나들며 지적 작업을 했다. 그는 특정 분야의 전문가이면서 박학다식한 과학자였는데, 그 비결은 다산과 마찬가지로 책을 읽으면 반드시 중요한 내용을 기록해 두는 생산적 독서 방식에 있었다.

나는 책을 읽을 때마다 매우 꼼꼼하게 요점 정리를 해 두는데 아직까지도 이런 작업에는 많은 시간이 소요된다. 그 결과 지금은 엄청난 자료를 보유하게 되었다. 그중에서도 가장 중요하다고 생각되는 책에 대해서는 요점 정리뿐만 아니라 비판적인 관점에서 나름대로의 분석도 해 놓는다. 그렇기 때문에 나는 예비 원고를 미리 가지고 있는 셈이어서 출판이 필요할 경우에는 이를 바탕으로 매우 신속히 원고를 집필할 수 있다.

다산과 류비셰프의 이러한 독서 방법을 본받아 나도 몇 년 전부터 책을 읽으면서 표시를 해 두었다가 다 읽은 후 노트북에 기억할 만한 인용문이나 문장을 정리해 오고 있다. 마음에 와 닿는 인용구나 줄거리, 주인공에 대해 메모를 하면 그게 바로 독후감이 된다. 메모하지 않았다가 나중에 그 인용구를 찾으려면 사막에서 바늘을 찾는 것만큼 힘들다.

메모하는 습관은 공부를 잘하는 아이들의 특징이기도 하다. 노트만 봐도 이 학생이 공부를 잘하는지, 집중해서 수업을 들었는지, 내용을 제대로 이해하고 있는지를 알 수 있다. 수업 때 선생님이 하는 중요한 말을 빼놓지 않고 기록하기 때문에 필기를 잘하는 학생은 친구들에게 인기가 많다. 요즘에는 내신 때문에 경쟁하느라 노트도 잘 빌려 주지 않는다고는 하지만 말이다.

사람은 읽는 것으로 만들어진다

"소매가 길어야 춤을 잘 추고 돈이 많아야 장사를 잘하듯, 머릿속에 책이 5,000권 이상 들어 있어야 세상을 제대로 뚫어 보고 지혜롭게 판단할 수 있다."

앞에서도 언급했듯 다산 정약용이 자녀에게 보낸 편지에서 한 말이다. 그는 유배지에서도 자녀들에게 '오직 독서만이 살 길이다.'라며 책 읽기를 독려했다. 그는 유배지에 오기 전에는 늘 바빠서 책 읽을 시간이 거의 없었다고 토로하며 생산적인 책 읽기의 방법을 자녀들에게 일러 주었다. 심지어 책을 어떻게 써야 할지, 책에는 어떤 내용이 반드시 포함돼야 할지에 대해서도 상세하게 조언했다.

미국을 이끌고 있는 리더들은 대부분 초등학생 시절에 좋은 책을 많이 읽는 독서광이었다고 한다. 책이 살아가는 데 필수적인 무기라는 말에 이의를 달 사람은 없을 것이다.

어린 시절부터 책을 읽으면서 중요한 문장이나 인상 깊은 구절, 핵심적인 내용이나 느낌 등을 반드시 메모하고 습관이 들도록 이끌어야 한다. 이는 선택 사항이 아니고 필수 사항이다. 책을 읽으면서 메모하는 습관만 들인다면 성공 보증수표를 얻은 것이나 다름없다.

성공하는 자녀교육 멘토링 5

❶ 책을 다 읽을 시간이 없다면 최소한 만지기라도 해라. 쓰다듬고 쳐다보기만 해라.
　　윈스턴 처칠

❷ 인간이 자연에게서 거저 얻지 않고, 스스로의 정신으로 만들어 낸 수많은 세계
　　중에 가장 위대한 것은 바로 책의 세계다.　헤르만 헤세

❸ 유대인 소년들은 열세 살에 성인식을 하는데 이때 주로 손목시계를 선물로 준다.
　　시간을 낭비하지 않는 사람이 되라는 다짐을 주기 위함이다.　루스 실로

❹ 눈앞에 보이는 이익을 과감히 버리고 원칙에 충실하면 당장은 손해인 듯 보이지
　　만 결국 그것이 옳은 결정이었음을 알게 된다.　안철수

❺ 소매가 길어야 춤을 잘 추고 돈이 많아야 장사를 잘하듯, 머릿속에 책이 5,000권
　　이상 들어 있어야 세상을 제대로 뚫어 보고 지혜롭게 판단할 수 있다.　정약용

천재보다 '끈기 있는 바보'가 낫다

20세기 천재의 대명사라 할 수 있는 알베르트 아인슈타인은 자신의 성공 요인은 '인내하고 또 인내한 것'이라고 했다. 부모 중 누구에게 과학적 재능을 물려받았느냐는 질문에는 이렇게 말했다.

"나에게 특별한 재능은 없다. 단지 호기심이 굉장히 많을 뿐이다. 아이디어를 이끌어낸 것은 유전이나 내가 자라 온 환경이 아니라 호기심, 집념 그리고 인내력이다."

피터 스미스가 쓴 『인간 아인슈타인』에 따르면 아인슈타인은 늘 꿈을 꾸는 듯 한 모습의 조용한 아이였다. 신동이 아니었음은 물론 부모도 병적으로 조용한 아들에게 학습 장애가 있는 것은 아닌지 염려하면서 의사를 찾기도 한다.

한번은 어린 아인슈타인이 병에 걸려 누워 있을 때 아버지가 나침반을 선물로 주며 가지고 놀라고 했다. 아인슈타인은 나침반의 바늘이 보이지 않는 신비한 힘에 의해 언제나 북쪽을 가리키고 있는 것을 보고 경이로움을 느꼈다. 그로부터 50년 후 아인슈타인은 이 일화를 예로 들면서 '어린아이와 같은 호기심이 세상을 이해하는 데 중요한 역할을 한다.'고 말했다. 아인슈타인의 말처럼 위대한 인물이 만들어지는 요인은 유전적 재능이나 환경이 아니라 끈기와 집념, 인내력, 호기심이다.

끈기가 없는 천재는 범재에 그친다

아인슈타인은 어린아이가 느끼는 '본능적인 호기심'이 영감의 원천임을 한 번도 잊은 적이 없다고 한다. 또한 '나에게 종교라고 불릴 만한 것이 있다면 그것은 과학이 발견할 수 있는 세계 구조에 대한 끝없는 경외'라고 말했다. 호기심에 대한 열정이 과학사를 송두리째 바꾼 것이다. 아인슈타인이 스물여섯 살에 발표한 특수상대성 이론은 바로 그의 호기심이 이룬 쾌거였다.

'천재도 20세가 넘으면 보통사람'이라는 말이 있다. 어렸을 때 천재라고 소문났던 사람이 성장한 후에 보통사람이 되어 버리는 예는 과거에도 많았다. 능력만 믿고 끈기 있게 노력하지 않았기 때문일 것이다.

"인간이 할 수 있는 가장 아름다운 경험은 신비로움이다. 바로 이것이 진정한 예술과 과학을 길러 내는 근본적인 감성이다. 이것을 모르는 사람, 더 이상 호기심을 느끼지 못하는 사람 그리고 경이로움에 무덤덤한 사람은 죽은 것과 마찬가지이다. 혹은 눈이 먼 사람일 수도 있다."

아버지 헤르만은 아들 아인슈타인이 지적으로 자극을 받아 호기심을 지속하고 과학적 재능을 일깨울 수 있도록 도왔다. 그중 하나가 의대생을 집으로 초대한 일이다.

유대교를 믿는 집안에서는 전통적으로 안식일 점심 때 가난한 탈무드 학자를 초대해서 함께 식사를 한다. 아들이 종교에 심취하는 것을 원치 않았던 아인슈타인 부모는 안식일에 뮌헨대학교의 한 의대생을 집으로 초대했다. 1889년 스물한 살이었던 막스 탈무트는 안식일뿐만 아니라 매주 목요일에 아인슈타인의 집을 방문해 어린 아인슈타인과 친하게 지냈다.

막스 탈무트는 아인슈타인이 과학에 흥미를 느낄 수 있게 독일 낭만파의 마지막 과학자인 알렉산더 폰 훔볼트나 고전 과학서를 소개해 주었다. 칸트의 『순수이성비판』을 추천하기도 했다. 철학자 칸트와 에른스트 마흐 그리고 많은 물리학자의 이론은 아인슈타인에게 시간과 공간이 우주의 본질이 아니라 여러 개념 중 하나라는 사실을 깨닫게 해 주었다.

또한 아론 베른슈타인이 과학의 역사에 대해 쓴 20권짜리 『자연과학에 대한 대중서』를 빌려 주기도 했다. 그 책들은 아인슈타인에게 과학자로서 호기심을 충족시켜 준 양식이 되었다.

아인슈타인의 전기를 보면 그가 천재 물리학자가 될 수 있었던 것은 어린 시절부터 남보다 더 두각을 나타내며 영재로서의 자질을 가졌기에 가능한 것이 아니었다. 오히려 아인슈타인은 천재보다 둔재에 가까웠다. 그의 재능을 일깨워 준 것은 바로 호기심이었다. 그리고 그 호기심을 지속시켜 준 것은 아버지와 탈무트 같은 현명한 멘토가 동반한 덕분이라고 할 수 있다.

헝그리 정신으로 끈기를 완성해라

"연아 어머니, 아직 멀었어요? 불 꺼야 돼요."

이는 전용 연습장이 없어 손님이 없는 밤 10시 이후에서 새벽 1시까지 연습을 해야 했던 김연아와 그의 어머니가 지난 13년 동안 수없이 들었던 소리다. 더욱이 김연아는 아빠가 사업에 실패했을 때에는 제대로 된 신발조차 살 수 없었다. 반면에 김연아의 라이벌인 일본의 아사다 마오는 첨단 시스템이 갖춰진 빙상장에서 홀로 연습한다.

어쩌면 오늘의 김연아를 만든 것은 지독한 훈련이겠지만 그보다 훈련의 '악조건'일지도 모른다. 전용 링크에서는 언제라도 연습할 수 있다는 마음에 긴장감이 풀어질 수 있다. 돈을 주고 빌린 링크에서 연습을 하면 주어진 시간을 최대한 활용해서 연습해야 한다. '본전' 생각에 1초도 허비할 수 없다. 여기서 이른바 '헝그리 정신'이 나온다. 김연아의 성공 비결은 바로 '헝그리 정신'과 넘어져도 결코 포기하지 않는 끈기와 훈련 덕분이었다고 할 수 있다.

빅터 고어츨도 20세기의 세계적 인물 400명의 공통된 특성으로 자신의 이상과 목표를 추구하는 과정에서의 '끈기'를 들고 있다. 그들은 자기

내면의 목소리를 따랐고 자신이 하고 싶은 일 또는 자신이 해야 한다고 생각한 일을 했다. 심리학자는 이를 '내적 통제 요소가 있다.'고 말한다. 이들이 명예와 부를 성취하게 된 것은 재능과 노력과 행운에 자신의 이상을 향한 *끈기*가 더해졌기 때문이라고 고어츨은 분석하고 있다.

특히 *끈기*는 역경에 처했을 때 진면목이 나타난다. 어떤 이는 역경 앞에 쉽게 굴복하지만 끝까지 역경을 극복하기 위해 노력을 경주하는 이들도 있다. 역경은 뜻밖의 경우에 닥치기 마련이다.

일본의 세계적인 수학자인 히로나카 헤이스케는 『학문의 즐거움』에서 가난과 역경이야말로 성공으로 이끄는 가장 중요한 인자라고 강조한다. 앞서 제1부에서 언급했 듯이 상인이었던 그의 아버지는 "대학은 공부를 하지 않더라도 합격할 수 있는 사람만 가는 곳이다."라며 히로나카를 대학에 보내지 않고 상인으로 키우려고 했다. 아버지는 고3생인 아들을 보고도 밭으로 데리고 가기 일쑤였다. 틈만 나면 뭔가 심부름을 시켜서라도 공부를 못 하게 했다. 히로나카는 이때 조그만 책상을 들고 아버지의 눈에 띄지 않는 장소에 숨어서 손전등으로 불을 밝히고 책을 봐야 했다. 이게 히로나카를 세계적인 수학자로 만든 '헝그리 정신'이다.

그는 수학을 연구하는 데 있어서 '끈기'를 신조로 삼고 있다. 문제를 해결하기까지는 남보다 더 시간이 걸리지만 끝까지 관철하는 끈기는 뒤지지 않는다고 말한다. 시간이 얼마나 걸리는가 하는 것보다는 끝까지 해내는 것이 더 중요하다는 게 그의 신조이다.

장기 목표를 향해 꾸준히 정진하라

꿈을 정확히 알고 그것을 이루기 위해 노력하다 보면 뜻밖의 발견을 하기도 한다. 노벨 물리학상 수상자 에자키 레오나는 힘겨운 노력 속에서 만난 행운에 대해 이렇게 말했다.

"물리학이나 공학의 연구에는 과학자들이 예측한 그대로의 결과가 나올 때도 있지만 목표에 도달하는 과정에서 뜻밖의 대발견을 하거나 애초의 목표에서 빗나가는 덕분에 결과적으로 대발명의 기회를 잡는 경우가 많다."

행운이라고 말할 수 있는 그 새로운 발견도 하나의 목표를 세워서 부단히 노력한 결과에서 나온 것이다. 예컨대 페니실린은 곰팡이에 대한 기초 연구를 진행하는 과정에서 우연히 발견되었다고 한다.

인생에서 3가지 피해야 되는 것이 있다고 한다. 소년등과(少年登科), 장년상처(壯年喪妻), 말년궁핍(末年窮乏)이다.

언젠가 「조선일보」 '조용한 칼럼'에서 본 내용이다. 그런데 소년등과는 축하할 일이지, 왜 문제일까. 요즘 연예인들을 보면 대부분 10대에 스타가 된다. 그런데 10대, 즉 인생의 초장에 스타가 되어 너무 잘나가면 후반전은 대부분 불상사를 피할 수 없게 되어 있다. 그래서 '소년등과 부득호사(少年登科 不得好死)'라는 말도 생겼다.

조선 시대에는 소년 시절에 과거에 급제하면 좋은 죽음을 얻지 못한다고 여겼다. 비단 그 시절에만 해당하는 이야기가 아닐 것이다. 일찍 연예인으로 스타가 된 이들을 보면 너무 일찍 어른이 되어 버리거나 우울증으로 자살하기조차 한다. 또 문란한 사생활로 입방아에 오르고 급기야 불운의 주인공으로 전락하기도 한다. 반면 고생 끝에 스타가 된 이들은 말년이 평화롭고 풍족하고 명예로운 삶을 누리는 경우가 많다.

젊어서는 사서 고생한다는 말이 있다. 10대나 20대, 30대는 한창 도전하고 일을 찾아 모험을 즐기며 고생해도 흉이 되지 않는다. 오히려 그런 삶이 아름답다. 성공하지 않아도 미래가 있기에 신명나게 일할 수 있다. 반면에 이 시기에 스타가 되고 성공을 하면 흥청망청 지내기 십상이고 목표를 상실할 수 있다.

한 발 한 발 성공을 향해 내딛다 보면 어느새 정상에 이를 수 있다. 잠시 난관에 부딪쳐 좌절하고 절망할 때도 있지만 이에 굴하지 않고 다시 일어나 신발 끈을 조이고 길을 나서면 어느새 성공의 문에 이르게 되는 것이다.

우리나라에서도 인기가 높은 작가 파울로 코엘료는 정신병원을 세 차례나 드나들며 불우한 10대 시절을 보냈다. 20대 때는 만화 잡지를 창간했다가 군사정부의 미움을 사서 두 차례나 수감되기도 했다. 그러다 40대가 되어 장장 700킬로미터에 이르는 스페인 순례길에 나섰는데 이것이 삶의 전환점이 되었다. 그때의 경험을 살려 『순례자』에 이어 『연금술사』 등을 잇달아 발표하면서 세계적인 작가로 우뚝 서게 된 것이다.

10대에 천재로 세상에 이름을 드러내는 것도 좋지만 그보다 한 단계씩 전진하면서 도전하는 끈기 있는 범재가 더 삶을 의미 있고 아름답게 수놓을 수 있다.

성공하는 자녀교육 멘토링 5

❶ 인내심과 끈기는 아마도 천재들이 가진 핵심적 능력에 해당할 것이다.
다닐 알렉산드로비치 그라닌

❷ 나는 한 가지 문제를 택하면 처음부터 남보다 2~3배의 시간을 들일 각오로 시
작한다. 히로나카 헤이스케

❸ 기존의 문화는 지능을 너무 좁게 해석하고 있으며, 단일한 능력이 아니라 다수
의 능력이 인간의 지능을 구성하고 있다. 하워드 가드너

❹ 한 인간의 진정한 가치는 역경에 처했을 때 어떻게 대처해 나가는가 하는 데서
출발한다. 히로나카 헤이스케

❺ 인생에서 3가지 피해야 되는 것이 있다. 소년등과(少年登科), 장년상처(壯
年喪妻), 말년궁핍(末年窮乏)이다. 조용헌

도전을
즐기게 해라

열정으로 도전해라

"축구화를 신고 있는 한 경쟁은 피할 수 없는 운명이다."

언젠가 언론과의 인터뷰에서 박지성 선수가 한 말이다. 참 명언이라는 생각이 들었다. 자기 자신을 독보적 존재로 만든 이들에게 발견되는 것이 바로 경쟁에 대한 확고한 인식이다. 한 분야에서 일가를 이룬 사람들은 정신력 또한 최고로 무장되어 있다. 기본기도 되어 있고 성실하며 자신감이 충만하다. 박지성도 그렇다.

우리가 박지성에 열광하는 것은 묵묵히 자신의 열정을 불사르기 위해 경기가 끝날 때까지 달리고 또 달리는 그 열정 때문이다. 순진하리만치 그라운드를 열정적으로 누비는 그에게는 터럭만큼도 게으름을 발견할 수 없다. 그라운드에 나서면 결코 요령을 피우지도 않고 전후방을 거침없이 뛰고 또 뛴다. 그에게서 느끼는 첫 이미지가 바로 순수함이다. 그 순수함 속에 열정이 있고 누구에게도 뒤지려 하지 않는 '경쟁 본능'이 살아 있다. 우리는 요령을 피우지 않으면서 부지런하고 경쟁 본능을 좋아하는 그런 박지성에게 환호하는 것이다.

박지성의 매력은 바로 순수에 대한 열정과 야성적인 경쟁 본능에 있다. 마치 야누스와 같은 두 얼굴을 보는 듯 한 착각에 빠지기도 한다. 경기가 끝나면 박지성의 유니폼은 선수들 중 가장 더럽다고 한다. 그만큼 성실하게, 열정적으로 쉼 없이 달리고 또 달리면서 경기에 열중하고 헌신하기 때문이다.

박지성은 바로 '착한 리더의 본색'을 유감없이 드러내고 있는 우리 시대의 영웅이다. 그는 엄청난 야유가 난무하는 유럽의 원정 경기에서 주눅 들지 않으려면 우선 자신을 가다듬어야 한다는 사실을 잘 알고 있었다. 이는 박지성이 네덜란드에 진출한 첫해인 2003년 부상과 슬럼프로 허우적대면서 홈팬들에게 한국으로 돌아가라는 야유를 받고 맥주 세례를 받는 처절함 속에서 깨우친 사실이었다. 그는 큰 경기에 임하기 전이면 언제나 주문을 외운다.

"내가 이 경기장에서 최고다. 이 그라운드에서는 내가 주인공이다. 여기 22명의 선수가 있지만 나보다 나은 녀석은 아무도 없다."

박지성은 언제나 경기장에 들어서기 전에는 '내가 최고다!'라는 주문을 외웠고 그때마다 효과 만점이었다. 터질 것같이 고동치던 심장도 어느새 고른 박자를 내기 시작했고 주문을 외면 욀수록 또렷하게 정신이 집중되는 효과까지 있었다.

미국의 경영 컨설턴트 리처드 창의 『열정플랜(The Passion Plan)』은 내가 신문기자직을 그만두기 전에 열독했던 책이다. 당시 열정이 사그라지고 어느덧 새로운 도전에 나서기에 부담감을 느끼던 터였다. 이 책을 읽으면서 나는 새로운 길에 나서는 두려움을 떨칠 수 있었다. 열정은 새 출발을 하려는 이들에게는 마치 생명수와 같은 것이다. 헤겔조차 "열정이 없다면 결코 위대한 업적을 이룰 수 없다."는 유명한 경구를 남겼다.

그러나 열정을 가지고 도전하는 이들은 많지 않다. 많은 사람들이 삶을 불태우며 열정적으로 살아가는 사람들을 부러워하고 무의미하게 시간이 흘러간다고 생각하지만 그럼에도 불구하고 인생의 행로를 과감하게 바꾸는 것을 두려워하고 꺼려 한다. 처음에 내딛었던 삶의 길을 무작정 따라가기만 할 뿐이다.

열정적인 사람은 좀처럼 후회하는 법이 없다. 이때 명심해야 할 것은 삶은 현실에 뿌리를 내리고 있으므로, 목적은 실현 가능한 것을 반영해야 한다는 사실이다.

너무 이상적인 목표에 열정을 쏟는 사람들이 가끔 있다. 세상이 어떻게 가고 있는지 냉정한 분석도 하지 않고 목표를 잡으면 되레 삶을 질식하게 만들 수 있다. 그리고 삶의 현장에 나서면 무엇보다 경쟁 본능으로 무장해야 한다. 경쟁의 세계에서는 한 치의 동정도 바라서는 안 된다. 오직 실력으로 승부가 날 뿐이다.

능동적이고 적극적인 태도로 임해라

피할 수 없는 일이라면 즐겁고 재미있게 해야 한다. 재미가 없으면 열정이 있을 수 없다. 재미가 없으면 몰입할 수도 없다. 재미가 없으면 지속할 수도 없다. 일은 재미와 함께 열정이 있어야 지속할 수 있고 그럴 경우에 성공의 길로 인도될 수 있다. 하고 싶은 일을 하면서 재미있게 일할 수 있는 것이야말로 세상에서 가장 부러움을 살 수 있다.

그러나 대부분 사람들은 처음부터 자신이 하고 싶은 일만 하면서 살아갈 수가 없다. 회사에 취직을 하든지 혼자서 프리랜서로 일하면서 어느 정도 실력과 능력, 명성과 경력을 쌓으면서 전문성을 획득한 연후에라야 그때 비로소 자신이 하고 싶은 일만 하면서 살아갈 수 있다. 물론 처음부터 자신만의 전문분야에 파고들면서 하고 싶은 일만 하면서 사는 이들도 있지만 이는 아주 드문 케이스에 해당할 것이다.

반면에 어떤 일을 하더라도 재미있고 능동적이고 적극적인 자세로 일하는 게 반드시 필요하다. 공부와 시험도 마찬가지다. 학교에 가고 공부하고 시험 보는 것을 귀찮게 여기고 짜증스럽게 생각하고 소극적으로 한다면 학교 가고 공부하는 것이 매일매일 고통의 연속일 것이다. 모든 것은 생각하기 나름이라고 한다. 재미있다고 생각하면 공부도 즐겁고 재미있게 할 수 있다.

우리 시대의 창조적 인재에게 필수적인 상상력은 비로 재미있게 일하는 데서 샘솟을 수 있다. 호기심을 갖고 사물을 대할 때 즐겁지 않으면 경직되기 마련이다. 즉 세상의 모든 창조는 새로운 것에 대한 호기심과 재미에서 비롯된다. 상상력이 최고의 경쟁력인 시대, 상상력은 돈과 지위가 아니라 '재미와 열정'에서 나온다. 무엇이든 재미가 없으면 기발한 상상력과 창조는 없다. 재미는 무한 가능성을 여는 비밀의 열쇠이자, 세상을 앞으로 움직이게 하는 에너지원이다. 즐거움에의 열정이 일과 삶 전반에 영향을 미침으로써 상상력과 창의적 에너지가 탄생한다. 이 시대에 진지함과 엄숙주의보다 즐거움과 재미가 더욱 필요한 이유다. 재미는 우리 안에 숨겨 있는 잠재력을 자극하고 끌어내어 새로운 창조의 에너지로 변환하는 에너지인 것이다. 재미있는 사람은 그 자체가 다른 사람에게 에너지가 된다.

재미있고 잘할 수 있는 일을 찾을 수 있다면 그 사람이야말로 행복한 사람일 것이다. 하지만 세상에서 누구나 그런 일을 쉽게 찾지는 못한다. 그러나 좋아하는 일을 찾을 때까지 한없이 넋을 놓고 기다릴 수는 없다. 먼저 자기 일이 좋든 싫든 열심히 하는 자세가 무엇보다 중요하다. 이나모리 가즈오의 『카르마 경영』을 보면 좋아하는 일을 할 때 어떻게 열정을 발휘해야 하는지 알 수 있다.

좋아하지 않는 일을 하더라도 어쨌든 우선 열심히, 한결같은 마음으로 파고들어라. 좋아하기 때문에 일에 몰두할 수 있고, 몰두하는 가운데 좋아하게 된다.

싫은 일도 몰두하면 고통 속에서 기쁨을 발견할 수 있다. '좋아하는 것'과 '몰두하는 것'은 동전의 양면과 같아서 그 인과관계는 순환한다. 이렇게 자신과의 싸움에서 이기고 정진하면 인생은 크게 변화하기 시작한다. 자신이 하는 일이 '미치도록 싫다면' 그 일에 한번 '미치도록 몰두'해 보라.

자신이 좋아하는 일은 도전 정신이 없으면 주어지지 않는다. 그런데 도전 정신을 발휘해서 나아가고자 할 때에도 명심해야 할 게 있다. 바로 누구나 가고 있는 길은 도전할 가치가 상대적으로 적다는 것이다. 그 길에는 이미 수많은 도전자들이 성공 신화를 이루었기 때문이다. 다른 사람들이 많이 가는 길에서는 새로운 시대정신이나 도전해 볼 만한 가치를 찾을 수 없다. 다만 안정적인 수익을 보장받을 수는 있을 것이다. 누구나 갈 수 있는 길보다 누구나 가지 않는 길을 가는 게 필요하다. 이때 도전 정신이 필요하다.

그러나 열정과 재미, 도전정신으로 의미 있는 일을 하더라도 삶을 바라보는 자세도 중요하다. 자칫 열정이 지나치면 모든 것을 잃을 수도 있기 때문이다.

스티브 도나휴의 『사막을 건너는 여섯 가지 방법』이라는 책에는 '휴식 멀미(leisure sickness)'라는 말이 나온다. 하도 일을 열심히 해서 휴식을 취하게 되면 어지럼증이 나거나 멀미를 앓는다는 말이다. 다급한 나머지 자신을 너무 심하게 밀어붙이면 열정, 진지함, 약속과 같은 에너지가 시들거나 죽어 버릴 수 있다. 쥐었던 것을 놓고 변화하지 못하면 생동감마저 사라진다. 때로 쉬면서 활력을 되찾으면 더 많은 것을 할 수 있다. 때문에 사막을 갈 때 오아시스가 나오면 반드시 쉬라고 한다. 더 많이 쉴수록 더 깊숙이 사막으로 들어갈 수 있기 때문이다.

도나휴는 "인생을 산(목표 중시)이 아니라 사막(과정 중시)으로 보게 되면 살아가는 방법뿐만 아니라 중요한 관계까지도 근본적으로 변하는 것을 느낄 수 있다"고 말한다. 쉽게 말하면 사막을 건너는 자세로 살아간다면 한결 여유 있고 재미있게 일을 즐기면서 할 수 있다는 말이다.

성취는 자신만이 할 수 있는 것

"일을 하면 끝맺음을 하고 반드시 발표하라."

이는 과학에 대한 열정으로 영국 최고의 과학자가 된 마이클 페러데이의 유명한 좌우명이다. 마이클 패러데이는 19세기 최대의 실험물리 학자로 '전자기학의 아버지'라고 불리는 영국의 물리학자이자 화학자이다.

일은 하는 것만으로는 의미가 없다. 결과물을 세상에 드러내는 것이야말로 평판과 명성을 얻을 수 있는 유력한 길이다. 일을 시작하면 끝을 보고 그리고 반드시 결과물을 발표하는 것이야말로 자신을 사회적으로 포지셔닝할 수 있는 길인 것이다.

열네 살 때 책 제본 공장에 견습공으로 취직한 패러데이는 제본되는 책의 낱장을 읽으면서 배움의 갈증을 적시곤 했다. 전기에 대한 지식도 제본하려는 책을 읽으면서 처음 접할 수 있었다.

제본 공장은 그에게 꿈에도 그리던 과학자가 되는 행운을 안겨 주었다. 어느 날 제본공장에 들른 왕립 연구소의 연구원이 작업 중에도 틈틈이 책을 읽는 패러데이를 발견했다. 그의 이야기를 들은 연구원은 패러데이의 과학에 대한 열정에 감동을 받아 왕립 연구소의 출입 허가증을 내준 것이다. 패러데이가 존경하는 화학자인 험프리 데이비의 강연은 이렇게 해서 듣게 되었다. 이때가 스물두 살 때였다. 이어 왕립 연구소 실험 조교로 채용된 그는 데이비의 조수로 있으면서 전기 및 화학을 연구할 수 있었다. 그는 마흔 살부터 두통과 기억상실증에 시달리면서도 마흔 두 살(1833년)에 전기화학의 기초를 만든 전기분해 법칙 발견하는 등 죽는 날까지 연구에 매진했다. 『촛불의 과학』이라는 책을 쓰며 과학의 대중화에 앞장 선 그는 오늘날 영국인들이 가장 존경하는 과학자로 회자된다. 패러데이는 가난해 정규교육조차 제대로 받지 못했지만 과학에 대한 열정으로 세계적인 과학자가 된 것이다.

영국에서 가장 존경받는 과학자인 패러데이처럼 꿈을 꾸고 목표를 설정하고 도전하고 성취하는 것은 오직 자신만이 할 수 있다. 다만 이러한 과정에서 현명한 조력자의 조언을 반드시 듣고 참고를 해야 한다. 필요하다면 목표를 수정하는 것도 결코 부끄러운 일이 아니다. 현실성 없는 목표를 향해 나아가다 길을 잃고 방향을 상실한다면 그때는 결코 되돌릴 수 없는 지경에 이른 후가 될 수도 있다.

자녀가 공부를 잘하는 것만이 전부가 아니다. 공부는 아이가 목표를 성취하고 꿈을 이루기 위한 하나의 방편이나 과정에 불과하다. 문제는 오히려 학창 시절을 보낸 이후에 직면한다. 학창 시절에는 성적만이 전부일 수는 있지만 학창 시절 이후에는 결코 성적으로 좌우되지 않는다.

먼저 장기적인 목표를 가지고 자신의 꿈을 이루기 위해 노력하는 게 무엇보다 중요하다. 목표를 정하되 얼마나 실현 가능한 것인지, 또 시대의 흐름과 트렌드, 미래 사회에 요구되는 것들이 무엇인지 끊임없이 찾아가는 알도 게을리하지 않아야 한다. 쉽진 않지만 자신이 잘할 수 있고 즐겁게 일할 수 있는 분야를 찾아야 한다. 열정을 가지고 재미있게 할 수 있는 일이 아니면 오래 지속할 수 없다. 또한 누구나 할 수 있는 일보다 누구나 할 수 없는 일을 하는 사람이 각광받게 된다. 자녀를 사랑하는 지혜로운 아버지라면 그런 자녀로 키우는 멘토링을 해야 하는 것이다.

성공하는 자녀교육 멘토링 5

❶ 내 보물이 있는 곳에 네 마음이 있다. 마태복음 6장 21절

❷ 별에서 눈을 떼지 말라. 하지만 발은 항상 땅을 딛고 있어야 한다. 루스벨트

❸ 일을 하면 끝맺음을 하고 그리고 반드시 발표하라. 마이클 패러데이

❹ 기회가 가까이 오면 우리는 그걸 이용해야 합니다. 기회가 우리를 도우려 할 때 우리도 기회를 도와 할 수 있는 모든 일을 해야 합니다. 그것을 '은혜의 섭리'라고 하고 '초심자의 행운'이라고도 합니다. 『연금술사』에서

❺ 많은 사람들이 몰려가는 게 결코 안전하지 않다. 안심하고 가는데 그게 제일 위험하다. 사람들이 안 좋다고 하는 곳에 가는 게 위험하다고 하지만 오히려 그곳이 더 안전하다. 안철수

꿈꾸기에 대하여

대니얼 레빈슨이 쓴 『남자가 겪는 인생의 사계절』은 자녀에게 멘토링을 하려는 아버지라면 반드시 읽어야 할 책이라고 생각한다. 이 책은 노동자와 회사원, 작가 등 40명의 삶을 추적하며 상담한 것을 토대로 인간의 삶을 사계절에 비유해 설명하고 있다. 40명의 남자들의 삶을 10여년에 걸쳐 추적, 면담을 통해 연구한 이 책에서 저자는 인생을 봄(22세까지), 여름(22~45세), 가을(40~60세), 겨울(60세 이후)에 해당하는 단계로 나눈다. 인생의 사계절은 변화와 안정의 순환 과정이다. 환절기처럼, 인생의 한 계절에서 다른 계절로 옮겨 가는 과정에는 변화와 성장을 위한 고통이 따른다는 것이다.

특히 '이정표적 사건(marker event)'이라는 말이 눈길을 끈다. 이정표적 사건이란 결혼, 이혼, 질병, 사랑하는 사람의 탄생 또는 죽음, 예기치 않은 충격 또는 행운, 직장에서의 승진 또는 실패, 은퇴와 같은 것들이다. 예컨대 사랑을 하고 결혼을 한다는 것은 어떤 연령에서 또는 어떤 상황에서 결혼하든지 개인의 인생에서 지표가 되는 사건이다. 부모의 죽음도 이정표적 사건에 해당한다. 이러한 사건은 개개인의 인생에 눈에 띄는 충격을 준다. 이정표적 사건을 어떻게 맞이하고 보내느냐에 따라 한 사람의 인생행로는 크게 달라질 수 있다.

꿈과 성공은 어쩌면 별개일 수도 있고 사회적인 성공을 좇다 보면 자신의 꿈을 유보할 수 있다. 레빈슨은 "하지만 20대에 꿈을 저버린 사람들은 후에 그 대가를 치러야 한다."고 지적한다. 꿈을 접은 채 사회적 성공에의 지나친 집착은 '인생을 헛되이 살았다.'는 자괴감에 빠지게 할 수가 있다는 것이다. 이때 꿈을 '재배치'하는 일이 필요하다고 레빈슨은 지적한다.

레빈슨은 엘리아 카잔의 소설 『어레인지먼트(Arrangement)』의 주인공 이야기를 사례로 든다. 이 소설은 마흔 살에 자신의 잃어버린 꿈을 다시 찾기 위해 용감한 투쟁을 시작한 어떤 남성에 대한 이야기다. 주인공은 젊은 날 소설가를 꿈꿨지만 광고 경영인으로 성공했다. 잘못된 사다리를 오르는 데 성공한 후 그는 이제 자기 기만적인 공허한 인생의 덫에 걸려 있음을 깨닫는다. 꿈과 성공은 어쩌면 별개일 수도 있다. 사회적인 성공을 좇다 보면 자신의 꿈을 유보할 수 있기 때문이다. 자녀들도 지나치게 돈에 집착하고 성공신화를 좇게 이끌어서는 안 된다.

꿈을 가지고 있고 그것을 자신의 인생에 적절하게 배치해 둘 수 있는 한 인생은 풍요로워진다. 만약에 아무런 꿈도 갖고 있지 않거나 꿈을 실현할 방도를 찾지 못한다면 인생은 진정한 목적이나 의미가 없을 것이다. 특히 서로 꿈을 키워 줄 수 있는 친구나 동반자를 만나느냐 여부는 생각하는 것 이상으로 자신의 인생에 큰 영향을 미치기도 한다.

친구에 대하여

빌 게이츠는 고등학교와 대학 때 만난 두 명의 친구가 성공의 원동력이 되었다고 말한다.

"우리가 아직 십대였을 때, 폴 앨런은 나에게 컴퓨터 하드웨어에 관해 많은 것을 가르쳐 주었다. 그리고 마이크로프로세서에 목숨을 걸라고 격려해 주었다. 나는 참으로 운이 좋았다. 그토록 젊은 나이에 친구 때문에 나를 완전히 매혹시키는 무언가를 발견했으니 말이다."

마이크로소프트를 공동창업한 폴 앨런은 빌 게이츠가 시애틀 명문 사립학교인 레이크사이드 스쿨에 다닐 때의 친구이다. 빌 게이츠는 하버드대학교를, 폴 앨런은 워싱턴주립대학교를 각각 중퇴하고 사업의 동반자로 다시 만나 1975년 마이크로소프트를 창업했다. 또한 현재 마이크로소프트의 CEO인 스티브 발머는 하버드대학교에 다닐 때 기숙사에서 만난 친구이다.

우리나라에도 진출한 미국의 검색 포털 사이트인 '구글'(Google)의 창업 과정도 마이크로소프트와 비슷하다. 구글 역시 대학에서 똑똑한 친구들이 의기투합하여 세운 회사이다. 1997년 미국 스탠퍼드대학교 기숙사에서는 스물네 살의 대학원생 래리 페이지와 세르게이 브린 두 학생이 인터넷 검색 프로그램을 구상했다. 여기서 구글이 탄생했다.

애플의 최고경영자 스티브 잡스는 누구나 컴퓨터를 가질 수 있는 꿈을 실현시켰다. 잡스는 그가 고교 때 임시직으로 일한 휴렛패커드에서 만난 스티브 워즈니악을 다시 만나 1976년 애플을 창업했고 그가 만든 개인용 컴퓨터는 TV, 전화기와 함께 '세상을 바꾼 기계'가 되었다. 그는 지금 휴대폰으로 눈길을 돌려 다시 한 번 세상을 바꾸려 하고 있다.

선마이크로시스템스는 1982년 스탠퍼드 경영대학원생이던 스콧 맥닐리와 버클리대학교의 컴퓨터 천재 빌 조이 등 4명의 대학원생이 모여 만든 벤처 기업으로 출발했다.

빌 게이츠와 폴 앨런, 레리 페이지와 세르게이 브린, 스콧 맥닐리와 빌 조이는 모두 10대와 20대 때 우정을 맺었고 이는 결국 개인사를 뒤바꾸었을 뿐만 아니라 세계사를 뒤흔들었다. 이들의 성공 신화는 단순히 명문대학교를 다닌 '지식엘리트'였기에 가능한 게 아니었을 것이다. 서로를 배려하고 의기투합할 수 있는 인간관계 능력이 없었다면 이들의 성공 신화도 탄생하지 못했을 것이다.

좋은 인간관계는 오늘날 더욱 요구되는 덕목이다. 삼성 등 기업체 등에서는 핵심인재의 조건으로 '인간관계 능력'을 가장 우선한다. 또한 '감성지능'을 강조한 대니얼 골먼은 21세기 성공하는 사람들의 새로운 인간관계

패러다임을 '사회지능(SQ)'이라는 신개념으로 명명하고 있다. 사회지능은 상대방의 감정과 의도를 읽고 타인과 잘 어울리는 능력을 뜻한다. 사회지능의 핵심은 다름 아닌 좋은 인간관계 능력과 이를 통해 형성하는 인적 네트워크에 달려 있다.

여기에 골먼은 나아가 "유전자가 운명을 좌우하지는 않는다. 사회지능은 타고난 것보다 키우는 것이 중요하다."고 덧붙인다. 부모가 먼저 봉사나 기부에 참여하면서 본보기를 보이며 실천할 때 자녀들 역시 그러한 행동을 실천한다는 말이다. 또한 지식보다 인성을 강조하면 그 자녀들도 그런 사람이 된다. 그것은 그들의 자녀들에게 또 그 자녀의 자녀들에게 이어질 것이다.

사랑에 대하여

영화로도 개봉돼 화제가 되었던 소설 『더 리더』에서 주인공 마이클은 첫사랑으로 인해 비극적인 삶을 산다. 열다섯 살의 마이클은 길을 가던 중 열병으로 인해 심한 구토를 일으키고 우연히 소년을 지켜 본 30대 여인 한나의 도움을 받게 된다. 마이클은 감사 인사를 하기 위해 그녀를 다시 찾아가고 순간 그녀에게 강한 끌림을 느낀다. 마이클은 우연히 스타킹을 입는 한나의 모습에 관능미를 느끼고 사랑에 빠져든다.

"나는 두렵지 않습니다. 그 어떤 것도 두렵지 않습니다. 고통이 커질수록 사랑도 깊어 갑니다. 위험이 내 사랑을 키우며 내 사랑을 깨어 있게 하고 더욱 향기롭게 만들 것입니다. 나는 당신의 소중한 천사가 될 것입니다."

마이클의 이 말은 사랑의 힘을 느끼게 하지만 너무 일찍 사랑에 빠진 소년은 평생 그 사랑의 고통을 짊어져야만 했다. 문학적인 감동과는 별개로 열다섯 살 소년에게 성숙한 여인과의 사랑은 너무 잔인한 것이 아닐까 하는 생각을 해 본다.

그래서일까. 『주역』에서는 첫사랑이 짧게 끝나면 좋지만 길면 비극이 된다면서 청소년기에는 뜻을 세우는 일이 중요하다고 강조한다.

서로 꿈을 키워 주는 사람을 만나라

결혼에서 배우자의 선택은 개인의 인생에 가장 큰 영향을 끼친다. 어떤 남성은 자신의 특별한 꿈이나 비전을 추구할 수 있는 인생 구조를 형성하려고 노력한다. 이러한 남성은 그러한 꿈을 공유하며 그 꿈을 실현시키기 위한 여행에 동참하기를 원하는 여성과 결혼한다.

이때 여성 배우자가 남성 배우자의 꿈과 목표를 실현하는 데 관심을 갖기보다 오로지 자신의 꿈과 목표를 이루는 데 관심을 갖는다면 남성은 여성 배우자에게 불만을 가질 것이다. 남성은 여성 배우자에게 "왜 당신은 내가 승진을 하거나 목표를 이루는데 도움을 주지 않고 무관심할 수 있느냐"고 따질 수 있을 것이다. "내 코가 석자인데 당신 일은 당신이 알아서 하세요."라고 여성 배우자가 응대한다면 갈등의 골은 깊어질 것이고 결혼생활 자체가 위기에 처할 가능성마저 배제할 수 없다.

이는 여성도 마찬가지일 것이다. 주부로서의 역할보다 사회에서의 성공을 중시하는 여성이라면 사회생활에 개방적인 남성을 만나 결혼해야 원

만한 가정을 유지할 수 있다. 이런 점을 고려하지 않고 외모나 재력, 학력만 보고 결혼한다면 파경할 개연성이 높다.

우리는 주위에서 흔히 "결혼을 하고 아이를 낳고 살아 보니 결혼만큼 중요한 게 없는 것 같아요."라는 말을 듣곤 한다. 결혼은 인륜지대사라 하지 않았던가. 결혼은 이정표적 사건 중에서도 핵심적인 사건이라고 할 수 있다. 하지만 결혼을 할 때는 이런 점을 잘 모른다. 이것저것 고려하지 않고 결혼하는 커플도 많다. 특히 재력이나 외모, 학벌 등 배우자의 눈에 보이는 것들만 중시하고 배려심 등 인간적인 면에 대해서는 소홀하기 십상이다. 그러다 결혼 후에 이런저런 문제로 서로 다투다 급기야 이혼하는 경우도 허다하다.

결혼할 때 눈에 보이는 것을 중시하기보다 서로의 꿈을 키워줄 수 있는지, 각자의 꿈이 중요해 상대 배우자의 꿈을 챙겨 줄 만큼 여유가 있는지를 먼저 고려하는 게 더 중요하다.

퀴리 부부와 아인슈타인 부부

노벨상을 2대에 걸쳐 수상한 경우는 극히 드물다. 조셉 톰슨(1906년 노벨 물리학상)과 아들 조지 톰슨(1937년 노벨 물리학상), 닐슨 보어(1922년 노벨 물리학상)와 아들 아게 보어(1975년 노벨 물리학상)가 2대째 노벨상을 받았고 또 다른 2대 수상자는 퀴리 가문에서 배출되었다.

퀴리 가문은 마리 퀴리가 1903년 남편 피에르 퀴리와 물리학상을 공동 수상한 데 이어 1911년 화학상을 받아 노벨상 2관왕에 올랐다. 뿐만 아니라 퀴리 부부의 딸인 이렌느 부부가 인공 방사성 원소의 발견으로 1935년 노벨 화학상을 공동 수상함으로써 2대에 걸쳐 노벨상 부부 공동 수상이라는 진기록을 냈다. 한 국가에서 노벨상 수상자를 한 명도 배출하기도 힘든데, 한 가문에서 모두 3번에 걸쳐 노벨상을 수상한 것이다.

퀴리 가에서 배울 수 있는 또 다른 덕목은 바로 요즘 시대에 더 요구되는 '양성 평등 정신'이라고 할 수 있다. 여성의 사회진출이 활발해짐에 따라 권위적인 남성은 결코 사회에서나 가정에서도 설 자리가 없다. 퀴리 부부는 여성에 대한 사회적 차별과 불평등이 개선되지 않은 100여 년 전에 이미 '평등 부부' 정신을 실천해 노벨 물리학상을 공동 수상했다.

이들의 평등 부부 정신은 그의 딸 이렌 부부에게도 대물림되어 노벨 화학상의 영예를 안겨 주었다. 재미있는 사실은 이렌의 남편인 졸리오는 퀴리 가의 학문적 가풍에 매료돼 '졸리오 퀴리'로 성을 바꾸기도 했다는 점이다.

퀴리 가는 4대에 걸쳐 과학자를 배출하고 있다. 퀴리 부부와 이렌 부부가 노벨상을 공동으로 받은 데 이어 이렌의 딸 엘렌도 물리학자가 되었다. 또 엘렌의 두 아들도 물리학자가 되면서 명실상부한 '과학 명문가'로 자리매김하고 있다. 과학적 재능이 모계로 대물림되고 있는 점도 특징이다.

퀴리 부부와 교류했던 아인슈타인 부부는 대조적인 결혼 생활로 구설수에 오르기도 했다. 스위스 취리히 공과대학교 물리학과의 캠퍼스커플이던 이들은 아인슈타인 부모의 반대로 우여곡절 끝에 결혼을 했다. 하지만 두 아들을 두고서 이혼을 하고 만다. 아인슈타인은 결혼 16년 만에 이혼하고선 사촌 여동생과 재혼했다.

아인슈타인의 부인은 정신병원에 입원한 아들을 뒷바라지하며 평생을 보냈다. 또한 아인슈타인은 아내와 상대성이론 연구를 함께했지만 연구 결과를 독식했다는 소문도 나돌았다. 결국 1921년에 노벨 물리학상을 아인슈타인 혼자 수상했다. 물론 사람의 일이란 어떤 일이 일어날지 알 수 없고 결혼 생활도 그렇다. 그래서 더욱더 서로 꿈을 키워 주고 북돋아 주는 동반자를 만나는 것이 중요한 것이다.

'부모 노릇'에 대하여

"사람 일생에 세 가지가 뜻대로 이루기 어렵다고 했으니, 자식이 그렇고 명리가 그렇고 수명이 그렇다고 했겠다."

조정래가 소설 『아리랑』에서 한 말이다. 그런데 이 중에서 자식이야말로 가장 뜻대로 이루기 어려운 존재가 아닐까. 부모라면 누구나 한번쯤 부모로 살아가기가 갈수록 어려움을 실감한다. 소설 『김 약국의 딸들』을 읽어보면 자식 키우기의 어려움에 절로 무릎을 치곤 한다.

요즘에는 부모들이 자녀교육에 열정적이지만 가끔 의문이 들 때가 있다. 학창 시절에는 남자든 여자든 공부를 잘 안 하려고 한다. 그런데 엄마나 아빠가 되면 모두가 하나같이 왜 그렇게 자녀에게 공부하라고 잔소리를 할까.

또 평소에 하는 말로 보면 소위 명문 학교니, 일류대학에 관심 없을 것 같은 아버지도 막상 자신의 일로 닥치면 여느 부모들과 다를 것이 없다. 내 주변에도 그런 사람들이 많다.

　이제라도 좀 솔직해지자. 많은 부모들은 학창 시절에 ‘공부하라.’는 부모님의 말씀을 잔소리로 들으며 한쪽 귀로 흘렸을 것이다. 그런데 부모가 되니까 왜 이렇게 아이들에게 공부하라고 성화일 수 있는지. 또 학창 시절에 독서나 일기 쓰기를 제대로 한 적이 있는가. 그런데도 아이들에게 책 읽으라, 일기 쓰라고 노래를 부르고 있지나 않은지. 자식을 제대로 키우려면 먼저 부모가 본보기를 보여야 하는데, 또 그렇게 솔선수범한다고 해서 자녀가 그 뜻을 그대로 따라 주는 것도 아니기 때문에 부모 노릇이라는 것이 쉽지 않다. 그래서 아버지가 더 자녀교육에 힘써야 하는 이유가 여기에 있다고 할 수 있다. 아버지가 자녀에게 미치는 영향은 어머니보다 더 크고 효과적이다. 이제 잠시 소홀했던 그 역할을 다시 되찾아야 한다.

　자식 키우기에는 끝없는 기다림과 인내가 필요하다. 또한 자식에 대한 기대를 버리고 비워야 한다. 그리고 무엇보다 부모 노릇, 아버지 노릇을 제대로 할 때 자녀교육은 자연스럽게 이루어진다. 공자의 『논어』식 표현을 빌면, ‘아버지는 아버지다워야 하고 자식은 자식다워야 한다’는 말이다. 부부(父父), 자자(子子)!

　이 세상에 ‘불량 아빠’가 되고 싶은 아버지가 있겠는가. 마음은 그렇지 않은데 일을 하느라 바쁘고 가족을 위한 시간을 내지 못하는 것, 그것이 죄라면 죄일 것이다. 하지만 이제는 바쁘다는 것을 핑계로 삼지 말자. 이제 ‘아버지답게’ 살아 보자.

　우리의 아버지, 그 아버지의 아버지, 아버지들이 그랬던 것처럼. 죽은 후에도 자녀들이 사무치게 그리워하는 그런 아버지가 되어야 한다. 어떤 아버지든 자녀에게 한 번은 영웅이 된다. 이제 진정한 내 아이의 영웅이 되어 보자. 그 무엇보다도 값진 삶을 누리게 해 줄 것이다.

성공하는 자녀교육 멘토링 5

❶ 이건후(利建候). 젊은 시절에는 장차 제후가 될 큰 뜻을 세워야 이롭다는 말이다.
『주역』에서

❷ 때때로 부모들은 자기들은 젊은 시절을 보내지 않은 것처럼 말한다. 하임 기너트

❸ 자식을 앞세우고 가면 배가 고파도, 돈을 지니고 가면 배가 안 고프다. 박경리

❹ 20대에 꿈을 저버린 사람들은 후에 그 대가를 치러야 한다. 대니얼 레빈슨

❺ 유전자가 운명을 좌우하지는 않는다. 사회지능은 타고난 것보다 키우는 것이 중요하다. 대니얼 골먼

먼저 아내에게 영웅이 되어라

"부디 네 아빠를 닮아라."

"너도 커서 네 아빠만 해라!"

어떤 엄마는 아이들에게 다정한 표정을 지으며 이렇게 말한다. 또 어떤 엄마는 남편에게 화가 나면 아이들에게 이런 말도 서슴지 않는다.

"넌 절대 네 아빠 닮지 마라."

엄마가 아이들에게 하는 이 말만큼 무서운 말이 있을까. 무의식중에 혹은 별 뜻 없이 엄마가 자녀들에게 하는 이 말은 집에서 아버지의 지위를 그대로 드러낸다. 엄마가 얼마나 아빠를 사랑하는지 함축하고 있기 때문이다.

"아버지란 존재는 어머니의 입을 통해 말해진다."

프랑스의 비교행동학자인 보리스 시륄니크가 말한 이 표현에서 가정의 불행과 행복은 바로 어머니가 아버지에 대해 어떻게 말하느냐에 따라 좌우된다는 사실이 함축되어 있다.

아버지는 씨를 뿌린 생물학적 존재지만 엄마가 아이에게 "네 아빠야."라고 불러 줄 때 비로소 사회학적 지위를 부여받게 된다. 이때 아이에게 생부가 아닌 다른 동거 남자를 아빠라고 불러 주면 아이는 그 남자를 생부로 받아들이게 된다. 그 중요한 역할을 바로 엄마가 하는 것이다.

엄마가 아빠를 어떤 표정으로 소개하느냐는 아이가 아빠를 인식하는 데 영향을 미친다. 다정하고 사랑스러운 목소리와 표정을 짓는 것과 무뚝뚝하고 불쾌한 표정을 짓는 것과는 달리 반응할 것이다. 또 아빠를 신뢰하고 존경하는 표정을 지을 때와 그렇지 않을 때에도 아이는 달리 반응할 것이다.

아버지가 태어난 아이를 처음 봤을 때 엄마가 아빠를 소개하는 방법이 이후 아빠에 대한 아이들의 태도를 결정한다. 의미심장한 존재로 지위가 부여될지, 하찮은 존재로 지위가 부여될지는 엄마가 아이에게 한 말에 따라 좌우된다. 아빠는 이렇게 탄생한다.

아버지가 직장일로 가족과 떨어져 지내는데 그사이에 아이가 태어나는 경우를 생각해 보자. 불가피한 사정으로 아버지가 수년이 흐른 후에 집에 돌아왔다. 다음은 아버지가 돌아왔을 때 엄마가 아버지를 아이에게 소개하는 상황이다.

(1) 어서 가서 인사드려야지. 어쨌거나 네 아버지잖아!

(2) 씨만 뿌리고 이제 나타났군. 아버지한테 아는 척은 해야지.

(3) 이분이 바로 네 아버지란다. 어서 정중히 인사 올려라!

(1)과 (2)는 아이에게 아버지는 하찮은 존재라는 인식을 심어 준다. '어쨌거나'라는 표현에서 아버지에 대한 사랑이 이미 식어 있음을 느낄 수 있다. '씨만 뿌리고……'에서는 경멸의 의미가 내포되어 있다. 그렇지만 생물학적으로 씨를 준 아버지이므로 가서 아는 체나 하라는 투다.

반면 (3)은 엄마에게 소중한 존재이자 사랑하는 남편이라는 의식이 깔려 있다. 남편에 대한 존중감도 느껴진다. 아이들은 엄마의 생각대로 아버지를 받아들이게 된다.

누구나 태어나서 처음 경험하는 것이 어머니의 몸이다. 잉태의 기간과 유아기 동안 어머니의 보살핌을 받으며 자라기 때문에 모자의 유착 관계는 어쩌면 자연스러운 것이다. 반면 아버지와 아이는 그렇지 않다. 엄마가 아기에게 "이분이 네 아빠야!"라고 자주 말해 주어야 아빠인 줄 알게 된다.

남남 같은 부자 또는 부녀 사이를 되돌리는 데는 엄마의 역할이 중요하다. 아버지보다는 자녀와 가깝게 마련인 엄마가 윤활유 역할을 해 줘야 한다. "아빠가 널 얼마나 사랑하는지 모른다." "아빠가 네 걱정을 많이 한다."는 등의 말로 자녀에게 아버지의 애정을 전하는 것이다. 자녀 앞에서 아버지의 험담을 늘어놓는 것은 금물이다.

자녀교육에서 아버지가 아이의 영웅이 되려면 먼저 아내에게 '영웅 대접'을 받아야 할 까닭이 바로 여기에 있다. 아내에게 존경받지 못하는 남편은 아이에게도 존경받지 못하는 아버지가 되기 십상이다. 엄마가 아버지를 무시하고 돈만 벌어 오는 기계처럼 대하면서 아이에게 영웅이 되기를 바란다면 그것은 결코 지혜로운 엄마의 처신이 아닐 것이다. 성공적인 자녀교육은 무엇보다 부부가 서로 존중하고 배려하는 데서 시작한다는 사실을 잊지 말자.

참고 문헌

곤살로 모우레, 김정하 옮김, 『아버지의 그림 편지』, 푸른숲어린이, 2005.

공병호, 『10년 법칙』, 21세기북스, 2006.

김정현, 『아버지』, 자음과모음, 2006.

김태광, 『미셸처럼 공부하고 오바마처럼 도전하라』, 흐름출판, 2009.

김훈, 『밥벌이의 지겨움』, 생각의나무, 2003.

나덕렬, 『앞쪽형 인간』, 허원미디어, 2008.

노경선, 『아이를 잘 키운다는 것』, 예담. 2007.

다니구치 지로, 신준용 옮김, 『아버지』, 애니북스, 2005.

다닐 알렉산드로비치 그라닌, 이상원·조금선 옮김, 『시간을 정복한 남자 류비세프』, 황소자리, 2004.

대니얼 레빈슨, 이화여자대학교출판부 옮김, 『남자가 겪는 인생의 사계절』, 이화여자대학교출판부, 2003.

래리 보시디·램 차란, 김광수 옮김, 『실행에 집중하라』, 21세기북스, 2004.

랜디 포시·제프리 재슬로, 심은우 옮김, 『마지막 강의』, 2008, 살림.

루스 실로, 박민경 옮김, 『유대인의 자녀 교육법 53』, 국민출판사, 2005.

루이지 조야, 이은정 옮김, 『아버지란 무엇인가』, 르네상스, 2009.

릴리 프랭키, 양윤옥 옮김, 『도쿄타워』, 랜덤하우스코리아, 2007.

마이클 마쿼트·피터 론, 『멘토』, 이른아침, 2006.

말콤 글래드웰, 노정태 옮김, 『아웃라이어』, 김영사, 2009.

문용린, 『부모가 아이에게 물려주어야 할 최고의 유산』, 리더스북, 2009.

박미희, 『아이의 재능에 꿈의 날개를 달아라』, 폴라북스, 2008.

베른하르트 슐링크, 김재혁 옮김, 『더 리더』, 이레, 2004.

빅터 고어츨, 박중서 옮김, 『세계적인 인물은 어떻게 키워지는가』, 뜨인돌, 2006.

사이토 다카시, 김선민 옮김, 『반복학습이 기적을 만든다』, 길벗, 2005.

서대원 역해, 『새로 풀어 다시 읽는 주역』, 이른아침, 2004.

쇼펜하우어, 최혁순 옮김, 『쇼펜하우어 수상록』, 범우사, 2003.

스캇 펙, 신승철·이종만 옮김, 『아직도 가야 할 길』, 열음사, 2007.

스테판 B. 폴터, 이종용 옮김, 『모든 인간관계의 핵심요소 아버지』, 씨앗을뿌리는사람, 2007.

아서 밀러, 『세일즈맨의 죽음』, 범우사, 1999.

안철수, 『CEO 안철수, 지금 우리에게 필요한 것은』, 김영사, 2004.

이규동, 『위대한 컴플렉스』, 문학과현실사, 1993.

임철규, 『눈의 역사 눈의 미학』, 한길사, 2004.

장 자크 루소, 정영하 옮김, 『에밀』, 연암사, 2003.

전광, 『백악관을 기도실로 만든 대통령 링컨』, 생명의말씀사, 2003.

정민, 『다산선생 지식경영법』, 김영사, 2006.

정호승, 『외로우니까 사람이다』, 열림원, 1998.

조셉 캠벨, 『신화의 세계』, 까치, 2000.

존 그레이, 『화성에서 온 남자 금성에서 온 여자』, 동녘라이프, 2006.

최효찬, 『5백년 명문가 자녀교육』, 예담, 2005.

최효찬, 『5백년 명문가 지속경영의 비결』, 위즈덤하우스, 2008.

최효찬, 『세계 명문가 자녀교육』, 예담, 2006.

최효찬, 『세계 명문학교 1퍼센트 인재들의 공부법』, 예담, 2008.

타다시 아기, 『신의 물방울』, 학산문화사, 2007

파울로 코엘료, 『연금술사』, 문학동네, 2001.

피터 스미스, 『인간 아인슈타인』, 시아출판사, 2005.

필립 C. 맥그로, 『위대한 가족을 만드는 7가지 원칙』, 시공사, 2005

필성, 『중국의 전통 가정교육』, 경인문화사, 2005.

하워드 가드너, 『다중지능』, 김영사, 2001.

하임 기너트, 『부모와 아이 사이』, 양철북, 2003.

한상복, 『재미』, 위즈덤하우스, 2009.

헤더 레어 와그너, 『오바마 이야기』, 명진출판, 2008.

헤르만 헤세, 『삶이여 깨어 있는 자유여』, 문학사상사, 1987.

홍정욱, 『7막7장 그리고 그 후』, 위즈덤하우스, 2006.

히로나카 헤이스케, 『학문의 즐거움』, 김영사, 2001.

이제 내 아이의 영웅이 되어라

펴낸날 **초판 1쇄 2009년 11월 25일**

지은이 **최효찬**
펴낸이 **심만수**
펴낸곳 **(주)살림출판사**
출판등록 1989년 11월 1일 제9-210호

경기도 파주시 교하읍 문발리 파주출판도시 522-1
전화 031)955-1350   팩스 031)955-1355
기획·편집 031)955-1388
http://www.sallimbooks.com
book@sallimbooks.com

ISBN 978-89-522-1270-2   03370

※ 값은 뒤표지에 있습니다.
※ 잘못 만들어진 책은 구입하신 서점에서 바꾸어 드립니다.

책임편집 **유석천**